본회퍼의
그리스도론

본회퍼의 그리스도론
그리스도의 현존과 제자됨의 의미

초판 1쇄 발행 2024년 4월 30일

지은이 김강석
펴낸이 장길수
펴낸곳 지식과감성#
출판등록 제2012-000081호

교정 이주희
디자인 서혜인
편집 서혜인
검수 김지원, 이현
마케팅 김윤길, 정은혜

주소 서울시 금천구 벚꽃로298 대륭포스트타워6차 1212호
전화 070-4651-3730~4
팩스 070-4325-7006
이메일 ksbookup@naver.com
홈페이지 www.knsbookup.com

ISBN 979-11-392-1781-0(03230)
값 11,000원

• 이 책의 판권은 지은이에게 있습니다.
• 이 책 내용의 전부 또는 일부를 재사용하려면 반드시 지은이의 서면 동의를 받아야 합니다.
• 잘못된 책은 구입하신 곳에서 바꾸어 드립니다.

지식과감성#
홈페이지 바로가기

본회퍼의 그리스도론

The Christology of Dietrich Bonhoeffer

김강석 지음

그리스도의 현존과
제자됨의 의미

목차

서론 7

제1장 | 본회퍼 그리스도론의 기본 명제

1. 본회퍼 그리스도론의 연속성과 단절성　12
2. 그리스도 중심적 신학　15
3. 그리스도론의 범위　17

　1) 그리스도의 초월성　17
　2) 금지된 질문　20
　3) 성육신의 의미　22

제2장 | 본회퍼의 그리스도 인식

1. 역사적 예수에 대한 역설적 증명　26
2. 행위 개념으로서의 계시　29
3. 자유주의 신학의 그리스도론에 대한 비판　31
4. 바르트에 대한 본회퍼의 평가　36

제3장 | 그리스도의 현존 방식

1. 나를 위한 구조 (Pro-me-Struktur)　42
2. 그리스도 현존의 자리　45

　1) 걸림돌(scandalon)로 낮아지심　45
　2) 부름의 말씀　46
　3) 성례전에 임재하시는 그리스도　49
　4) 성도의 공동체　51
　5) 공동체의 근거로서의 그리스도　54

3. 존재의 중심이신 그리스도　56
4. '누구' 물음의 존재론적 구조　60

제4장 | 비종교적 시대의 그리스도론

1. '하나님 없음'의 그리스도론적 근거　66
2. 새로운 존재 방식으로서의 신앙　70
3. 세상 속에서의 신앙　73

제5장 | 그리스도의 현존에 참여하는 제자직

1. 제자직으로의 부름 78
　1) 값비싼 은혜 78
　2) 단순한 순종 80
　3) 필연적 고난(Leiden müssen) 83
2. 그리스도의 부름에 응답하는 제자직 85
3. 타자(他者)를 위한 존재 87

제6장 | 오늘 우리의 삶 속에서 그리스도를 신앙한다는 의미는 무엇인가?

1. 신앙의 실존적 의미 90
2. 당시 독일교회의 상황과 본회퍼의 결단 93
3. 본회퍼의 관점에서 보는 한국교회의 문제 96
4. 본회퍼에게 배우는 한국교회의 방향성 98

주 101
본회퍼의 생애 연표 (1906~1945) 113

서론

/

본회퍼의 주된 관심은 '그리스도의 현존(現存)'에 있었다. '그리스도의 현존'이라는 개념은 본회퍼 신학의 근거와 바탕이 되는 동시에, 그의 신학 전체를 관통하는 핵심 개념이 된다. 본회퍼 신학의 핵심이라고 할 수 있는 '그리스도를 따르는 제자직'과 '타자를 위한 존재'라는 개념의 근거가 '그리스도의 현존'에 대한 이해로부터 나온다.

본회퍼가 1933년 여름학기에 베를린대학에서 강의한 **그리스도론**은 그의 그리스도론의 기초를 잘 보여 준다. 이 책은 본회퍼가 직접 집필한 것이 아니라, 본회퍼의 강의를 수강했던 학생들의 필기 노트를 바탕으로 재작성된 원고이다.[1] 본회퍼의 친필 강의 원고는 극히 일부분만 발견되었다. 제1부에서는 '현재하는 그리스도', 제2부에서는 '역사적 그리스도'를 논하였다. 제3부 '영원하신 그리스도'는 강의가 진행되지 못하고 학기가 끝났기 때문에, 내용에 포함되지 못하였다.[2] 미래의 소망과 종

말, 재림에 관한 중요한 주제들이 다루어지지 못한 점은 안타깝지만, 그러나 제1부와 제2부의 내용만으로도 그리스도론 강의는 상당한 의미를 가진다. **그리스도론**에 나타난 그리스도 이해와 그리스도의 현존에 대한 이해가 후기 저작에서도 발전된 형태로 계속 발견되기 때문이다.[3] 비록 본회퍼가 후기 저서에서는 '종교 없는 그리스도교'와 '하나님 없이'의 주제를 제기함으로써, 그의 그리스도론에 있어서의 단절성과 연속성에 대한 연구들이 이루어지고 있지만, 그것이 **그리스도론**에 나타난 그리스도론의 폐기는 아닌 것이 분명하다. **저항과 복종**에서도 끊임없이 던졌던 '오늘 우리에게 있어서 그리스도는 누구인가?'라는 질문[4]과 '타자를 위한 존재'[5]에 대한 출발도 바로 여기에서부터이다. **그리스도론**이 중요한 것은 이 강의에서 그의 사상이 수렴되고, 그 이후의 저술들도 이 강의에서부터 다시 출발한다고 할 수 있기 때문이다.[6]

본서의 제1장에서는 본회퍼 그리스도론의 기본 명제를 살펴본다. 먼저, 본회퍼 신학에 대한 선행 연구들을 살펴봄으로써, **그리스도론**에 나타난 그리스도 이해가 연속성을 가지고 후기 저작들의 사상적 바탕이 되고 있다는 필자의 이해를 피력한다. 그리고 본회퍼 그리스도론의 중심이 되는 명제들에 대하여 기술(記述)하면서, 본회퍼의 그리스도론 이해가 '그리스도의 전적인 초월성'을 전제(前提)로 하고 있다는 점을 논증한다. 제2장에서는 본회퍼의 그리스도론적 인식과 신학적 위치를 살펴본다. 이것은 역사 속에 나타나신 예수는 어떤 의미에서의 그리스도이신가? 이것을 어떠한 신학적 관점으로 바라보아야 하는가? 예수 부활 사건의 의미는 무엇인가? 하는 질문들에 대한 답이 된다. 이러한 자유주의 신학이나 바르트 신학과 대비되는 본회퍼의 독보적인 해석이다. 제3장에서는 그리스도의 현존 방식에 대한 본회퍼의 이해를 살핀다. 본회퍼는 그리스도께서 자신의 현존에 참여하도록 우리의 응답을 요구하신다는 관점에서 세상과 인간을 이해하였다. 제4장에서는 본회퍼 '하나님 없음'의 사상으로 이해되는 의미와 내용을 살펴봄으로써, 본회퍼의 그리스도론이 일관성 있는 신학적 근거 위에 서 있었음을 확인한다. 제5장에서는 그리스도인이 그리스도의 현존에 참여하는 방식을 제시한다. 말의 고백이 아니라, 그리스도께서 부르시는 제자직을 감당함으로써만 그분의 현존에 참여할 수 있다는 것이 본회퍼의 주장이다. 제6장은 결론으로서, 본회퍼가 말하는 신앙의 실존적 의미가 무엇인지를 종합적으로 정리한 후에, 본회퍼가 당시 교회의 상황에 던진 메시지를 듣고, 본회퍼의 관점으로 한국교회의 문제점과 방향성을 진단한다.

제1장

본회퍼 그리스도론의 기본 명제

1. 본회퍼 그리스도론의 연속성과 단절성

1950년대 이후로 본회퍼의 전기(前期)와 후기(後期) 신학의 변화에 대하여, 꾸준한 연구들이 있었다.[7] **옥중서간**[8]의 충격적인 진술들로 인해, 1950년대 초반의 연구들은 본회퍼 신학의 전기와 후기 사이에 넘을 수 없는 단절이 있는 것으로 평가하는 흐름이 강했다.[9] 그러나 1950년대 중반 이후부터는 본회퍼 신학의 연속성을 강조하는 연구들이 많이 나왔다. 세속적 신학자들과 유물론적 신학자들은 대개 본회퍼의 전, 후기 사이의 신학을 단절적으로 보는 입장이었던 반면, 주류의 학자들은 연속성을 주장하는 입장이다.[10] 1960년대 중반에 미국 신학계에는 본회퍼의 신학을 세속적이고 실용적인 휴머니즘으로 해석한 하비 콕스의 **세속도시**를 비롯하여, 신 죽음 신학(Death of God theology)과 함께 본회퍼와 관련한 저술들이 쏟아져 나왔다.[11] 신 죽음 신학의 대표적인 인물인 해밀턴은 본회퍼의 그리스도론이 이웃 속에서 예수를 발견하려는 것이며, 강력한 이웃 사랑의 실천을 요구하는 것이라고 보았다. 또한 해밀턴의 제자인 존필립스(John A. Phillips)는 본회퍼의 그리스도론이 초기 저술들인 **성도의 교제, 행위와 존재, 나를 따르라**에서는 교회론과 긴밀히 연결되어 있었으나 후기 저술들인 **윤리학, 저항과 복종**에서는 세상적 그리스도론으로 바뀌어서, 세상 속에서의 예수의 삶과 활동에 대한 모방을 강조하게 되었다고 주장하였다.[12] 또한 마르크스주의적 사관에 입각해서 본회퍼를 해석하려고 했던 뮐러(Hanfried Müller)는 '교회에서 세상으로'라는 도식으로, 본회퍼에게 십자가 신학과 세상적 낙관주의를 결합시키는 중요한 사상적 전환이 이루어졌다고 보았다.[13]

그러나 이렇게 본회퍼의 전, 후기를 단절 또는 변천으로 보는 입장들은 본회퍼를 충실하게 해석했다기보다는 자신들의 당파적인 주장을 관철하기 위하여 본회퍼의 성육신 신학과 부활의 신학을 도외시하고 그의 십자가 신학만을 의도적으로 부각하여, 그것을 유일한 원리인 것처럼 주장하는 경향이 있다.[14] 단절론자들의 입장에서 말하는 '하나님 없음'은 본회퍼가 말한 '하나님 없음'과는 차이가 있다. 단절론자들은 본회퍼의 "하나님 없이"를 세속적 개념으로만 해석하려고 했지만, 사실 본회퍼가 "하나님 없이"를 말했을 때, 그것은 무신론적인 주장이거나, 이웃 사랑의 윤리로 대치되는 그리스도가 아니라, 스스로 십자가 수난을 당하신 "고난당하는 하나님"이 "그의 약함, 그의 수난으로 도우신다는" 의미이며, 우리가 그 고난에 철저히 참여하는 삶을 살아야 함을 의미하는 것이었다.[15]

반면, 에벨링(Gerhard Ebeling), 몰트만(Jürgen Moltmann), 오트(Heinrich Ott), 앙드레 듀마(André Dumas), 그린(Clifford Green) 등의 학자들은 본회퍼 사상의 연속성을 강조하였다.[16] 한국에서는 박봉랑과 그의 제자로서 몰트만의 사사를 받은 유석성이 연속성을 강조하는 입장에서 본회퍼를 연구했다.[17] 박봉랑에 의하면, 본회퍼의 '비종교적 해석'은 그리스도의 계시와 고난받는 종으로서의 그리스도의 모습에 집중되어 있다.[18] 유석성은 '십자가 신학'과 '책임윤리'의 관점에서 본회퍼 신학을 일관성 있게 해석하였다. 몰트만은 말하기를, 본회퍼의 전기(前期) 저서들에 나타난 그리스도 중심성이 후기 저서인 **윤리학**과 **저항과 복종**에서는 하나님 중심성과 그리스도의 통치가 결합된 형태로 나타난다고 하였다.[19] 이처럼 연속론자들이 보기에, 본회퍼에게 있어서 그리스도 중심과 하나님 중심은 뗄 수 없는 관계 속에 있다.[20]

2. 그리스도 중심적 신학

 본회퍼에게 있어서 그리스도는 세상을 보는 관점이며 세상과 올바른 관계를 맺는 유일한 방법이다. 하나님과 인간들 사이, 그리고 인간과 인간, 인간과 현실 사이에서도 그분은 유일한 중보자이시다.[21] 그는 말하기를 "그리스도 이래로 하나님이나 세상에 대한 인간의 직접적인 관계는 더는 존재하지 않는다."라고 하였다.[22] 인간은 자신의 한계를 그리스도 안에서 인식함으로써, 비로소 그러한 한계 내에서 다시 발견된 자신의 새로운 중심을 볼 수 있게 된다는 의미이다.[23]

 그리스도를 따르는 인간은 오직 그리스도 안에서, 그리스도를 통해서만 세상을 만나게 된다. 예수의 부름이 하나의 이상(理想)이 아니라, 인간의 현재 속에 현존하시는 중보자의 말씀으로 이해되는 한, 그 부름은 더 이상 '나'로 하여금 '세상'과 직접적인 관계를 맺도록 허용하지 않는다. 인간은 모든 인간, 사물, 사건들과 직접적으로 연결되는 것이 아니라, 예수 그리스도를 통해 해석된 세상을 만나는 것이다. 그런 의미에서 그리스도는

'나'를 '세상'과 떼어 놓는다. 세상은 온갖 수단을 동원하여 인간과 직접적인 관계를 맺으려고 하지만, 그것은 중보자이신 그리스도에 대한 하나의 반항 행위가 된다.[24]

이러한 그리스도 이해의 신학적 바탕 위에서 본회퍼는 그가 처한 시대적 상황(히틀러 치하의 사상적 신학적 혼란) 속에서 오로지 그리스도를 통하여 사건과 상황을 해석하였고, 철저히 그리스도의 부름에 응답하고 따르는 삶을 살았으며, 그러한 죽음을 맞이하였다. 본회퍼는 '그리스도는 오늘 나에게 누구인가?'를 끊임없이 질문하였고, 그 물음에 정직하게 응답하였다. 본회퍼가 그리스도를 통해 세상을 만나고 해석했을 때, 결코 히틀러를 중심으로 한 사회적, 정치적, 신학적 분위기를 수용할 수가 없었다. 그는 신학과 삶과 죽음에 있어서 전적으로 그리스도가 중심이심을 철저하게 고백하고 실천했던 것이다.

3. 그리스도론의 범위

1) 그리스도의 초월성

그리스도론에 나타나는 본회퍼의 기본 입장은 하나님의 존재와 속성이 인간에게 인식될 수 없다는 것이다. 인간이 인식할 수 있는 것은 하나님으로부터 계시된 사실과 계시된 진술뿐이다.[25] 이것은 칼뱅주의의 전통과도 일맥상통한다. 칼뱅은 **기독교 강요**에서 말하기를 양심과 자연을 통한 신적 감흥들도 *"인간이 너무나 우둔하여 … 그 증거들이 아무런 유익도 주지 못하고 그냥 흘러가고 있는 것이다."*[26]라고 하였다. 본회퍼에게 있어서도 칼뱅주의처럼 하나님에 대한 객관적 인식이란 원천적으로 불가능하다. 그러나 본회퍼의 신학은 하나님의 전적인 전능성을 말하는 칼뱅주의 신학보다는 루터파 신학 전통에 속해 있다.[27] 본회퍼는 '유한이 무한을 포함할 수 있다'는 루터파 신학의 명제에 동의하였으며, 유한이 무한을 포함할 수 없다는 칼뱅주의의 신학적 사고는 비대상적(非對象的; ungegenständlich) 하나님 이해로 빠질 위험이 있다고 비판하였다.[28] 본회퍼가 하나님의 초월성을 말하였을 때, 그것은 인식불가(認識不可)의 관념적 하나님을 의미하는 것이 아니라, 성서와 역사와 공동체를 통해 현존하신 하나님이다.

본회퍼는 '공동체(교회)로서 존재하는 그리스도(Christus als Gemeinde existiered)'라는 사회학적 접근을 시도하면서,[29] 그리스도인 형제의 사귐은 이상이 아니라 현실이라고 하였다.[30] 현실(유한)의 공동체가 없다면 자의식도 존재하지 않으며, 자의식은 '공동체 안에 있다는 의식'과 함께 생겨난다는 것이다.[31] 그러므로 인간의 모든 정신은 사회성 안에 포함되어 있으며, 나와 너의 기본관계에 근거해 있다.[32] 이것은 하나님 인식에 있어서도 동일하게 적용된다. 인간이 하나님의 권위를 인정할 수 있는 것은 '나에 대한 당신의 권위를 인정하는 나로부터'[33]이다. 하나님께서는 역사 속에서 인간의 언어를 사용하여, '성서'라는 형태로 말씀하셨고, 또 역사 속으로 친히 들어오셔서 '그리스도'로 자신을 나타내셨으므로, 성서와 그리스도가 하나님의 말씀이라는 진술은 오직 성서와 그리스도의 계시 자체 안에서, 그리고 공동체를 통해서만 이해될 수 있다는 것이다. 인간은 오직 하나님의 '계시의 말씀'인 성서와 '성육신의 말씀'이신 그리스도, 그리고 '그리스도의 몸인 공동체'를 통해서 하나님을 제한적으로 이해할 수 있을 뿐이라는 것이 본회퍼의 입장이다. 이에 대한 권위와 그리스도를 신앙하는 믿음의 근거를 관념적으로 추구하는 것은 부당하며, 결코 증명될 수 없는 초월적 영역이라고 그는 말한다.

> 관념이 로고스의 궁극적 실재로 사고되는 곳에서는 그리스도론의 중심적 성격이 바르게 이해될 수 없다. … 그리스도론은 자신이 연구하는 대상의 초월적인 성격만을 지시할 수 있을 뿐이다. 로고스가 인간이 되었다는 사실은 전제이지 증거가 아니다. 초월은 우리 사고의 전제로서 존재하며, 결코 증명이 될 수 없기 때문이다.[34]

이렇게 볼 때, 본회퍼의 그리스도론은 '계시'의 영역이며, 오로지 신학적, 성서적, 공동체적(사회학적) 근거하에서 그리스도의 초월성을 전제로 하여 논의되는 범주이다. 그러므로 본회퍼에게 있어서 그리스도론의 물음은 오직 그분의 권위를 인정하는 신앙의 범위 내에서만 제기될 수 있다.

2) 금지된 질문

본회퍼는 **그리스도론**의 서문을 통해 그리스도에 대한 질문을 한정된 범위로 엄격히 제한한다. 초월성의 영역에 대하여, 인간은 다만 일어난 현상에 대하여 질문할 수 있을 뿐, '어떻게 가능한가?'를 물을 수 없다는 것이다. 인간들이 반복해서 던지는 질문은 "하나님이 인간 질서에 편입되는 것이 어떻게 가능한가?" 하는 것인데, 여기에서 '어떻게'는 초월성에 대한 방법을 묻는 물음이 된다. 그것은 정당한 물음이 아니다. 왜냐하면 인간은 자신이 이해할 수 없는 영역에 대하여 '어떻게'를 묻는 것은 권리도 의미도 없는 행위이기 때문이다. 인간은 다만 무슨 일이 나타났는지를 발견할 뿐이다.

그리스도가 나타났을 때, 우리는 그리스도에게 존재와 속성에 대해 묻는다. '당신은 누구십니까?' 이것만이 우리가 그리스도에 대해 물을 수 있는 질문이다.[35] '어떻게 그것이 가능한가?' 하는 질문은 아무런 의미가 없다. 그리스도는 여전히 감추어진 하나님이기 때문이다. 하나님의 존재와 속성은 인간에게 인식될 수 없으며, 인간이 인식할 수 있는 것은 하나님으로부터 계시된 사실과 계시된 진술뿐이다. 반대로 그리스도가 하나님이심을 인정하지 않는 곳에서는 그리스도에 대한 질문 자체가 존재할 수 없다. 그러므로 '어떻게'의 질문은 어떤 경우에도 근원적으로 제시될 수가 없는 것이다. 그리스도께 대해서 우리는 오로지 '당신은 누구십니까?' 하는 물음만이 가능하다.[36] '당신은 하나님 자신입니까?' 이 물음만이 그리스도의 초월성에 대한 정당한 물음이다.[37]

따라서 본회퍼는 그리스도께 대하여 다음의 두 가지 질문은 의미가 없으므로 금지된다고 하였다. 첫째는 "주어진 대답이 올바른 것인가?" 하는 물음이다.[38] 인간에게는 진리를 평가할 권리가 없으며, 오로지 그리스도의 증언만이 스스로를 입증할 권위를 갖기 때문에 그 질문은 의미가 없는 금지된 질문이다.[39] 두 번째는 "계시의 사실($Da\beta$)이 어떻게 사고(思考)될 수 있는가?" 하는 물음이다.[40] 이 물음은 계시를 분석하려는 시도인데, 인간은 계시를 분석할 수 없으며, 결국 다시 '어떻게'의 질문으로 돌아가 버린 것이므로, 이 물음도 의미가 없으며, 인간이 물을 권리가 없는 것이다. 계시는 하나님께 속한 것이며, 오직 그분만이 계시의 사실을 아신다.

이상에서 살펴본 대로 본회퍼의 그리스도론은 관념론

과 인식론 사고의 범주 밖에 존재하는 '계시'의 영역이며, 이것은 오로지 신학적, 성서적 전제(前提)하에서 요청되는 것이다. 이러한 관점에서 볼 때 계시를 관념의 철학으로 해석하려는 모든 시도들은 어리석은 것일 뿐만 아니라 참람하기까지 하다고 본회퍼는 말한다.[41]

3) 성육신의 의미

하나님은 본래적으로 인간의 실존과는 분리된 하나님이시다. 그분은 인간의 역사 속에 내재하지 않는다. 하나님의 의지로 세상이 창조되었다고 해서 창조 행위 자체가 곧 관계 맺음이 될 수는 없다. 피조물의 세계는 여전히 닫혀 있고, 자신의 범주 안에 형성되어 있을 뿐이다. 인간의 실존과 따로 떨어져 홀로 계신 하나님은 사실상 인간의 하나님이 아니다. 그런데 역사 밖에 계신 그분이 역사 안으로 개입하셨다. 그분이 스스로 인간의 역사와 실존에 개입하셔서 '인간의 하나님'이 되신 것이다.

하나님께서 한 사람과 한 민족을 불러내어 자신의 뜻을 나타내는 도구로 삼으셨으며,[42] 그 민족을 통해 끊임

없이 인간 세상과 관계 맺음을 시도하셨다. 하나님의 관계 맺음의 절정의 형태는 예수 그리스도로 나타났다. 하나님이 친히 인간의 세상 속으로 뛰어드신 것이다. 이것이 성육신의 의미이다. 인간이 되신 하나님은 자신의 신성(神性, 전능성)과는 별개로 완전한 인간으로 가장 낮은 자리까지 임하셨다. 그분이 자신의 신성으로 역사에 개입하셨다면, 관계 맺음은 여전히 불완전한 형태로 남아 있었을 것이다. 그러나 인간 예수는 하나님이면서, 동시에 참 인간으로 오셨다.

본회퍼는 그리스도의 하나님 되심을 '전능하신 그리스도'가 아니라, '구유'와 '십자가'로 이해하였다. 예수를 하나님으로 말할 수 있는 것은 그의 낮아짐과 고난과 부활 때문이라는 것이다. 그리스도의 인성은 그의 하나님 되심과 연속선상에 있는 것이 아니다.[43] 전능과 편재로서의 신적 본질은 거기에 없었다.[44] 이 낮아짐의 행동하심이 본회퍼 그리스도론의 주된 특징이다. 예수 그리스도는 인간이 된 하나님의 말씀으로서 낮고 낮은 인간의 말로 내려가신 하나님의 말씀이며[45], 성례전 가운데로 낮아지신 하나님이시며[46], 교회 공동체 가운데로 낮아짐으로 현재하시며,[47] 우리의 실존과 역사와 자연 가운데

에 '나를 위한(Pro-me)' 중보자로 현존하신다.[48]

예수 그리스도로 나타난 하나님의 말씀은 '관념으로서의 말씀'과는 완전히 대립된다. 관념으로서의 말씀은 본질적으로 자기 자신에게 머무르는 것인 반면, 예수 그리스도로 나타난 하나님의 말씀은 무시간적이 아니며, 역사 속에서 일어나는 사건으로서, 구체적인 순간으로 진입해 들어오는 진리이다. 하나님이 우리와 똑같은 형태인 '인간 예수'로 우리에게 오셔서, 우리와 같은 고난을 당하고, 우리와 같은 죽음을 경험하셨기 때문에, 그리스도는 '말씀($λογος$)'이시다.[49] 그리스도가 말씀이라고 하는 것은 그분이 진리이며, 동시에 나를 향해 말을 걸어오셨다는 의미이다. 하나님은 다른 방식으로도 자신을 계시할 자유가 있으시지만, 오직 말씀 안에서 자신을 계시하기를 원하셨다.[50]

제2장

본회퍼의 그리스도 인식

1. 역사적 예수에 대한 역설적 증명

본회퍼에게 있어서 그리스도는 이념이 아니라 사건이다. 어떠한 이론에서도 그리스도가 역사적 예수였음은 결코 부정될 수 없다. 왜냐하면 역사적 사건에 대해서, 어떤 개연성을 가지고는 부정할 수 있을지 몰라도 절대적인 확실성을 가지고는 부정할 수도 긍정할 수도 없는 것이기 때문이다.[51] 이미 지나간 역사에 대하여 어떤 사실을 절대적으로 확인할 수 있는 방법은 없다. 그러므로 여기에서, 예수 그리스도에 대한 역사적 사실은 과거가 아니라 현재로서 획득되는 것이라는 역설이 성립한다. 본회퍼는 이러한 모순적인 역설을 감당할 수 있는 곳에서만 역사적인 것이 절대적이 될 수 있다는 논리를 전개한다.[52] 역사적 예수에 대한 접근은 오직 부활한 분, 스스로 자신을 증언하는 그리스도의 말씀을 통해서만 가능해진다는 것이다. 즉 그리스도 사건의 역사적 절대성은 오직 예수의 부활을 믿는 신앙에 의해서만 획득된다.[53]

구원론은 그리스도의 사역 곧 그분이 이루신 일에 대

하여 질문하지만, 그리스도론은 그리스도가 '누구인지' 존재와 인격 그 자체를 묻는다. 구원론이 사역을 통해 인격을 규정하려고 하는 반면, 그리스도론은 그분의 인격을 통해 사역으로 접근하려는 것이다.[54] 그러나 그리스도가 '누구인지'는 사실상 감추어져 있다. 그것은 오직 하나님께서 '계시'해 줄 때에만 드러날 수 있을 뿐이다. 사역은 항상 모호하기 때문에, 사역을 통해 인격을 파악할 수는 없다. 사역이 선하면 인격도 선할 것이라는 전제는 오류이다. 선한 사역처럼 보이는 것도 때로는 악마의 사역일 수 있다.[55] 인간이 타인의 인격과 만나기 위해서는 그 대상이 스스로를 열어 보여 주는 길 외에 다른 방법으로는 인격의 만남이 이루어질 수 없다. 타자가 자신을 스스로 계시해 주지 않는다면, 그의 행동이나 사역만을 통해서 그 인격과 깊이 만나게 될 것을 기대할 수 없는 것처럼, 특히 그리스도는 나의 '존재성'과는 전혀 다르며, 인간의 상식이나 역사와 동일 선상에 있는 분이 아니므로 역사 속에 드러난 그의 사역과 행위를 근거로 그리스도를 해석할 수 없는 것이다. 이런 점에서, 본회퍼는 자유주의 신학자들의 시도가 완전한 착오라고 판단하였다. 자유주의 신학은 역사적 예수의 사역을 통해 그분의 존재와 인격을 규정하려고 오만하게 시도하지만, 그러나 예수의 사역만으로는 그가 이상적인 종교 창시자였는지, 하나님의 아들이었는지, 또는 십자가도 두려워하지 않을 만큼 자기 확신에 차 있었던 한 사람의 영웅이었는지 알 수 없다.

따라서 역사로부터 직접 그리스도를 추론할 수는 없으며,[56] 오직 부활하여 현재하는 분으로부터 시작해야만 한다. 신앙을 창출하고 역사성에 접근하는 것을 가능하게 만드는 것은 오직 부활하신 그리스도 자신뿐이다. 현재하는 부활의 그리스도를 통해서 알려지고 선포된 그리스도만이 역사적으로도 고백될 수 있다. 이렇게 예수의 사건이 신앙의 대상으로서 부활하신 그리스도로 인식될 수 있을 때에만, 그리고 역사적 예수가 자신을 낮추신 그리스도로 고백될 수 있는 곳에서만 역사와 신앙이라는 양자는 결합될 수 있다.[57]

2. 행위 개념으로서의 계시

계시란 인간의 자연적인 경험이나 인식에는 없는 종교적 진리에 대해, 하나님이 스스로 열어 보임으로써 인간에게 전달되는 것을 말한다. 본회퍼의 계시 이해는 독특하다. **그리스도론**에서 '전적인 초월성'으로 규정한 계시 이해[58]가 **행위와 존재**에서 구체적으로 언급된다. **행위와 존재**에서는 계시를 '행위' 개념과 '존재' 개념으로 나누어 이해한다.[59] 계시를 행위 개념으로 해석하면, 하나님의 절대 자유를 생각할 때, '계시의 우발성(偶發性)'[60]이 인정될 수밖에 없다. 따라서 계시는 결코 사색적으로 정립되지 않고, 미리 주어진 관계가 아니므로 항상 '행위적으로', 즉 그렇게 일어나고 있는 행위의 '불안정성' 속에서만 파악된다.[61] 그러므로 하나님과의 만남은 '불변성'의 지속이 아니라, 오직 계시와 접촉했거나 또는 접촉하지 않은 존재로서만 정의될 수 있을 뿐이다. 이것이 의미하는 바는 하나님 인식에는 어떠한 인간적인 사색의 방법도 존재하지 않는다는 것이다. 그것은 오직 그리스도 안에서 그분이 나를 인식하고 나의 신앙을 불러일으키

심으로만 가능한 일이며, 하나님은 결코 의식의 객체가 될 수 없다. 계시는 오직 하나님이 항상 계시의 주체로 인식되는 곳에서만 바르게 이해될 수 있다.[62] 우리가 자의적으로 하나님에 '대하여' 언급하는 한, 인간의 사고는 진리를 벗어나 자기의 사고 속에 폐쇄되고 말 것이다.[63]

본회퍼는 계시를 존재 개념으로 해석하는 측면에서 세 가지의 입장이 있다고 말했다.[64] 첫째는 계시의 본질을 '교리'로 이해하는 입장이다. 교리는 근본적으로 연속성 안에 있을 수 있고 접근 가능하며 체계에 편입될 수 있으므로, 인간이 자유롭게 수용하거나 거부할 수 있다는 한계를 가진다. 둘째로 계시를 종교적 '의식(意識) 체험', 즉 심리적 체험으로 이해하는 입장이다. '심리적 체험'은 종교적인 경험 속에서 하나님을 발견하고자 하는 것인데, 이것 역시 인간의 체계에 편입될 수 있으며, 계시를 존재자의 '대상성'으로 고양시킨다는 한계가 있다. 셋째로 계시를 하나님의 '제도(制度)'로 파악하는 입장이다. 하나님의 제도라고 하는 것은 가톨릭에서는 '교회' 개념이고, 개신교에서는 '축자영감적 성서' 개념이다. 이러한 계시 이해는 앞의 두 가지 이해에 비하여 계시를 '주체 초월적으로' 고정시킬 수 있는 마지막 가능성이기는 하지만, 그러나 이 견해에 있어서도 결국은 인간이 제도를 주관하는 존재로 남아서, 인간 자신이 '주체를 초월하는 존재'가 된다는 점에서 큰 한계가 있다. 결국 계시를 존재로 해석하는 세 가지 입장은 모두 기독교적 계시 사상에는 적합하지 않다고 본회퍼는 지적한다.[65] 왜냐하면 인간은 오직 '외부로부터'만 자신의 진정한 실존을 만날 수 있는 존재이며, 따라서 인간 존재의 토대는 '주체 초월적 존재' 안에 있어야 하기 때문이다.[66] 존재자와 계시가 동일시되는 곳에서는 진정한 계시를 말할 수 없다.

3. 자유주의 신학의 그리스도론에 대한 비판

본회퍼는 세상에 대해서, 그리고 세상의 문제들에 대한 신학적 관심에 있어서 자유주의 신학과 그 문제의식을 공유하고 있었다.[67] 그가 본 자유주의 신학의 공헌과 장점은 교회와 세상과의 싸움에서 벗어나서, 그동안 교회가 갇혀 있던 작업가설로서의 하나님에 대한 개념을 폐기하였으며, '성인이 된 세계(Mündig gewordene Welt)'를 사춘기로 되돌리려는 교회의 시도에 맞서서, 역사를 되돌리려고 하지 않았다는 것이다.[68] 그러나 본회퍼가 보기에 이 대결은 자유주의 신학의 패배로 끝났다. 자유주의 신학이 예수를 현실 세계 속으로 끌어내리는 데에는 성공했을지 몰라도, 그것이 결국은 그리스도의 존재 자체를 한낱 인간의 제한적인 윤리와 구분할 수 없도록 뒤섞어 버린 것이다. 자유주의 신학이 말하는 그리스도는 하나님의 신성이 사라진 존재로서 세상의 한계 안에 갇혀 버린 존재이거나, 또는 세상과 관계성이 사라진 관념적 사변적 개념으로만 존재하게 되어 버렸다. 그러므로 자유주의 신학이 말하는 그리스도는 그 어떤 경우에도 그리스도일 수가 없다. 이것이 자유주의 신학의 패배이다. 자유주의 신학의 가장 큰 오류는 이 세상에서 마땅히 가져야 할 그리스도의 권리를 빼앗아 가 버린 것이다.[69] 그 패배는 자유주의 신학으로 하여금 성서와 종교개혁 안에 있는 자신들의 토대를 새롭게 고찰하게 하였고, 그로 인하여 자유주의 신학은 전적으로 새로운 출발을 시도하게 되었다.[70]

자유주의 신학은 공관복음의 예수와 바울의 그리스도를 구분하려고 시도하였지만, 본회퍼는 그러한 시도는 교의학적으로 불가능할 뿐 아니라, 역사적으로도 불가능하다고 보았다.[71] 예수의 생애 연구는 슈바이처(Albert Schweitzer)로 끝났고,[72] 예수가 그리스도와 다르다는 전제(前提)도 브레데(William Wrede)를 끝으로 파괴되었으며,[73] 역사적 연구의 결과로 예수는 그리스도와 분리될 수 없다는 사실이 밝혀졌으므로 자유주의 신학은 끝났다고 본회퍼는 선언했다.[74] 역사적 연구의 결과로 예수가 그리스도와 다르다는 자유주의의 전제는 실제로 파괴되었으며, 예수는 그리스도와 분리될 수 없다는 것이 본회퍼의 결론이다. 예수가 주님이시라는 신약성서의 전제가 진지하게 고려될 때에만, 신약성서는 올바르게 해석될 수 있다는 것이다.[75]

본회퍼가 자유주의에 대해 이처럼 신랄한 비판을 가하는 것은 크게 두 가지 근거가 있다. 첫째는 자유주의 신학의 내용에 대한 반발이다. 본회퍼의 관심은 근본적으로 그리스도의 인격적인 현존에 있었다. 즉 그리스도가 인격자로서 지금, 여기의 역사 속에서 어떠한 모습으로 현존하시며, 그러한 '그리스도는 누구인가'라는 것이 그의 관심이다. 그러나 자유주의 신학은 그리스도의 현존을 관념적이고 사변적인 것으로 치부하였다. 자유주의 신학은 그리스도의 현존을 단지 어떤 힘이나 영향력 정도로 이해함으로써, 가현설적인 것으로 기울어지고 말았다고 본회퍼는 비판했다.[76]

둘째는 당시 자유주의 신학자들의 현실 판단에 대한 비판이다. 당시 본회퍼의 자유주의 스승들이 히틀러 정권을 정당화하는 경향이 있었고, 자유주의 신학은 전체주의에 가담하는 '독일적 그리스도인들'에게 악용될 소지가 있었다. 본회퍼는 자유주의 스승들의 이 같은 현실적 판단과 태도에 실망을 느껴, 자유주의 신학의 근거 자체에 큰 회의(懷疑)를 품었다. 슐라이어마허(Friedrich Schleiermacher)는 예수의 그리스도 되심을 하나의 순수하고 강한 종교적 인격성(하나님 의식)이라고 봄으로써, 예수의 그리스도 되심을 하나의 종교적 이념 정도로 격하시켰다.[77] 슐라이어마허의 이러한 해석은 예수의 성육신을 '목적을 위한 수단' 정도로 전락시켜 버렸다. 이러한 현상은 리츨(Albrecht Ritschl)에게서도 나타난다. 리츨은 존재 판단과 가치 판단을 구분하여, 예수가 그의 교회 공동체 내에 의해서만 그리스도로 판단

된다고 주장했다. 본회퍼는 이것을 가현설적 그리스도론이라 비판하였다.

이처럼, 자유주의 신학은 예수를 특정한 교리의 구현으로만 보려고 했다는 것이 본회퍼의 비판이다.[78] 헤겔(Georg Wilhelm Friedrich Hegel)에 대해서도 유사한 비판을 하였는데, 현상을 이념의 필연적 구현으로 보려고 하는 헤겔적 그리스도 이해는 가현설적 위험을 안고 있다는 것이다.[79] 본회퍼가 보기에 하나님은 필연적 원리에 의해 성육신하신 것이 아님에도 불구하고, 필연성이라는 논제로 성육신을 이해하려는 시도는 역사적 현실 속에 있는 인간을 간과하게 만든다. 하나님의 성육신은 필연적 원리에서 나온 것이 아니라, 전적으로 '하나님의 자유로운 은혜의 근거 위에서 역사로 도래하심'에 있는 것이며, 하나님과 인간의 관계는 필연적 상관관계가 아니라는 것이다.

본회퍼는 교회가 모든 종류의 가현설을 정죄해야 한다고 주장하였다. 자유주의 신학은 합리주의의 매혹적인 탈을 쓰고 있지만, 이념과 현상을 구분하는 자유주의 신학자들의 관념론적 태도는 가현설적 토대 위에 세워진 것이므로 정죄되어야 한다는 것이다. 신학의 제1명제는 '하나님께서 필연성으로부터 인간적 원리를 실현시킨 것이 아니라, 하나님의 자유로운 은혜 속에서 인간이 되셨다'는 것이므로, 어떤 경우에도 이 명제가 지양되어서는 안 된다는 것이 본회퍼의 판단이다.[80]

4. 바르트에 대한 본회퍼의 평가

바르트(Karl Barth)의 신학은 자유주의 신학과의 대결에서 출발하였다. 바르트는 자유주의 신학의 주된 약점이 그리스도론에 있다고 보고, 자유주의 신학이 인간적인 종교에서 출발한 것과는 정반대로, 바르트는 그리스도 안에서 이루어진 하나님의 계시에서 출발하였다.[81] 본회퍼는 바르트에 대하여, 복음을 '종교'로 해석하는 자유주의 신학의 오류를 최초로 인식한 사람이라고 긍정적으로 평가하였다.[82] 본회퍼가 보기에 바르트의 가장 위대한 공로는, 신앙을 종교를 위한 공간으로 확보하려는 자유주의 신학의 시도에 대해서 '예수 그리스도의 하나님'을 자유주의 신학자들의 '종교'와 대립시킨 것이다.[83] 이런 면에서 본회퍼와 바르트는 둘 다 19세기 신학의 관념론적, 인간 중심적 경향에 항거하였다.[84]

교회교의학 이후의 바르트 신학과 본회퍼 신학은 대체로 같은 궤도 위에 있었다. 둘 다 교회를 신학의 적법한 자리로 보았고, 예수 그리스도가 그리스도교적 사고와 행위의 불가결한 원천과 규범이라고 보았다.[85] 그러나 본회퍼는 바르트가 신학적 개념들의 비종교적 해석에 있어서는 구체적 지침을 제시하지 않았다고 비판하였다. 심지어 교의학이나 윤리학에서조차 실제적인 지침을 제시하지 않음으로써, 세상과의 관계성에 대해서는 무관심한 '계시 실증주의(Offenbarungspositivismus)'가 되고 말았다고 비판하였다.[86] 이것이 본회퍼가 본 바르트의 한계이다.

본회퍼는 **성도의 교제**와 **행위와 존재**에서 바르트의 비대상적 초월성을 비판한 이후, **저항과 복종**에서 바르트의 신학을 계시실증주의라고 하면서 바르트 신학에 대한 비판을 중단하지 않았는데, 그 대결의 핵심은 그리스도 안에서 이루어진 하나님의 계시와 세상의 관계에 대한 신학적 이해의 차이였다.[87] 바르트는 인간의 죄성을 무너뜨리고 변형시키면서 새 인간성을 가져오는 그리스도 자체에 신학적 관심을 집중시킨 반면, 세상의 죄성에 대해서는 신학적 관심을 갖지 않았다.[88] 즉 바르트에게는 예수 그리스도 안에서 객관적으로 이루어진 계시에 대해 인정하고 고백하는 것이 중요했다.

그리스도의 계시에서 출발한다는 점에서는 본회퍼도 바르트와 같지만, 그러나 본회퍼에게 있어서는 그리스도의 성육신 사건을 통해 하나님이 세상의 '현실' 속으로 들어오셨다는 사실이 강조된다. 예수 그리스도를 통한 하나님의 계시를 중요시했다는 점에서는 바르트와 본회퍼의 공통점이 있지만, 바르트는 계시 자체에 집중하여 신비적 해석에 머물러 버린 반면, 본회퍼는 더 나아가 계시된 세상에서의 현실에 주목했다는 점에서 차이가 있다. 본회퍼는 **윤리학**을 통해 다음과 같이 말하였다.

역사의 중심으로부터, 곧 하나님의 성육신 사건으로부터 역사적 행동의 법칙을 받아들이는 역사적 행동은 선하다. … 이를 통해 역사 전체의 본질이 우리에게 분명히 드러난 셈이다. 만약 그렇다면, 예수 그리스도는 하나님이 생각하셨고 소원하셨던 역사의 본질과 법칙을 깨닫게 하시는 유일한 근원이시다. 따라서 예수 그리스도의 현실에 적합한 행동은 선하다. 그리스도에게 적합한 행동은 현실에 적합한 행동이다. 이러한 명제는 이념적 요구가 아니라, 현실 자체로부터 유래하는 진술이다.[89]

바르트에게 그리스도를 신앙한다는 것은 그리스도가 참 하나님이심을 고백하는 것인 반면, 본회퍼에게 있어서의 신앙은 하나님의 계시에 대한 인식과 고백에 그치지 않고, '타자를 위한 인간'으로 오신 그리스도의 부름에 대한 복종과 그리스도 안에서 하나님의 고난에 참여하는 것이어야 한다.[90]

제3장

그리스도의 현존 방식

1. 나를 위한 구조
   (Pro-me-Struktur)

본회퍼는 그리스도를 하나님의 '말을 걺(Anrede)'으로서의 말씀이라고 불렀다.[91] 하나님이 세상을 향해 먼저 말을 걸어오셨다. 이 말씀은 인간들이 응답(Antwort)하기를 바라면서, 하나님이 먼저 부르시는 인격적인 부르심이다. 이 부르심은 그리스도를 통해 이루어졌는데, 관념의 형태로 존재하는 말이 아니라 역사 속에서 일어나는 사건으로 나타났다. 여기에서 그리스도는 교리가 아니라, 실재로 현실 속에서 용서와 명령의 말을 걸어오는 자이다. 그러므로 그리스도를 단지 이념으로만 인식하는 것은 오류가 된다.[92] 그리스도는 어떤 힘이나 객관적인 영으로서가 아니라, 우리의 삶과 현실 가운데에 실재로 현존하며 책임(Verantwortung)을 요구하신다.[93]

본회퍼에게 있어서 그리스도가 현존하신다는 사실은 더 이상 논란의 여지가 없다. 문제가 되는 것은 그리스도가 어떠한 구조를 통하여 현존하시는가 하는 것뿐이다. 이 주제에 대해서, 본회퍼는 자신의 논리 전개의 중요한 개념들을 루터의 신학적인 원리를 수용하여 적용한다. 즉 그리스도가 현존하시는 구조의 원리가 '나를 위한 존재(Pro-me-Sein)'에 있다는 것이다. 이것은 루터에게서 차용한 것이다. 루터에 의하면 그리스도를 통하여 주어진 하나님의 은총은 '나를 위한' 것이다. 루터는 말하기를 "하나님이 현존한다는 것과, 하나님이 당신에게 현존한다는 것은 같은 말이 아니다."[94]라고 함으로써, 하나님과 그리스도는 오직 나를 위한 그리스도임을 밝혔다. 이처럼, 본회퍼에게 있어서 그리스도의 본질적인 의미는 나와의 관련성이다. 이러한 사실을 처음부터 인정하지 않는 그리스도론은 스스로 자신을 정죄하게 된다.[95] 그리스도가 진정 그리스도가 될 수 있는 것은 오직 '나'와의 관련 속에서만 가능하다.

"완전한 대답은 '나를 위한 구조(Pro-me-Struktur)' 때문이다. ⋯ 예수 그리스도의 즉자적(卽自的, An-Sich-Sein) 존재는 결코 나의 사고 대상이 될 수 없으며, 오직 나에 대한 그리스도의 관계성만을 사고할 수 있을 뿐이다."[96]

그리스도의 인격 존재는 본질상 나와의 연관성에서만

현재하실 수 있다. 즉 그리스도 자체는 사고(思考)의 대상이 될 수 없으며, 오직 나에 대한 그리스도의 관계성만을 사고(思考)할 수 있을 뿐이라는 뜻이다. 그리스도는 나와 그분과의 실존적인 관계성 속에서만 인식할 수 있다. 이것을 본회퍼는 '나를 위한 구조(Pro-me-Struktur)'라고 표현하였다.

'나를 위한 구조'는 세 가지의 의미를 가진다.[97] 첫째, '나를 위한'이라는 말은 곧 그리스도가 다른 모든 사람들을 위한 첫 열매가 된다는 의미이다.[98] 나를 위한 그리스도는 인류를 위한 그리스도이다. 둘째, 그리스도는 '나를 위한'의 구조를 통하여 '인류'가 서야 할 자리에 대신 서 계시다. 즉 그는 '공동체를 위해' 행동하신 것이 아니라, 그 자신이 곧 '공동체로서' 십자가를 지고 죄를 담당하신 것이라는 의미이다. 따라서 예수 그리스도 안에서 전 인류가 십자가에 못 박힌 것이다. 셋째, 그리스도가 새로운 인류로서 행동했기 때문에, 새로운 인류는 그분 안에 있고 그분은 새로운 인류 안에 있게 되었다.[99]

2. 그리스도 현존의 자리

1) 걸림돌(scandalon)[100]로 낮아지심

본회퍼는 그리스도를 '하나님-인간(Gott-Mensch)' 이라는 단어로 표현하였다. '하나님-인간'이신 그리스도는 이 땅에서 '숨겨진 현존'으로 존재하신다. 이 말은 하나님의 영이 인간의 육신 속에 내재되어 있다는 의미가 아니다. 인간의 한 부분으로 내재되거나, 인간 속에 임재하신다는 의미가 아니라, 온전하신 '하나님-인간'이 육신의 모습으로 세상 속에 숨겨져 있다는 말이다.

여기에서의 중심 문제는 '하나님과 인간 사이'가 아니다. 그리스도가 하나님과 인간 사이의 관계를 맺어 준다는 구원론적 의미가 아니라, 우리가 사는 죄 많은 인간의 현재 안에, 이미 현존하시는 그리스도가 '누구인가' 하는 것이 관심이다. 이미 주어져 있는 '하나님-인간'이신 그리스도가 하나님의 형상이 아닌 육신의 형태로 세상 가운데에, 인간들 사이에서 현존하신다는 것이다.[101] 이것은 인간의 이성으로는 완전히 파악될 수도, 분석될 수도 없는 실존이라는 의미에서, 본회퍼는 인간의 로고스(이성)에 대한 커다란 걸림돌(scandalon)이라고 표현하였다. 인간이 파악할 수도 없고, 이해하거나 분석할 수도 없고, 납득할 수도 없는 일이 세상 가운데 실재로 이루어져 있고, 우리는 그 결과를 고백적으로 경험할 수 있을 뿐이다. '하나님-인간'이신 그리스도의 현존은 세상의 현재 속에 걸림돌로 숨겨져 있다. 이것이 본회퍼의 이해이다. 그는 이 '걸림돌 교리'를 그리스도의 낮아지심(Humiliation)이라고 하여 성육신과는 구별한다.[102] 그리스도는 '걸림돌로 낮아져' 선포되며, '걸림돌 안에' 현재하신다. 그러므로 교회 안에서 선포되는 그리스도는 현재하시는 참 그리스도이시다. 예컨대, 설교가 어떤 영으로부터 나오는 것이 아니라, 설교 그 자체가 그리스도의 현존이라는 뜻이다. 그리스도는 교회의 실재들[103]에 낮아짐(걸림돌)으로 현존하신다.

2) 부름의 말씀

본회퍼는 그리스도가 설교 속에 현재한다고 말함으로

써, 설교가 곧 그리스도의 말씀이며 우리가 꼭 붙잡아야 할 현존하는 그리스도의 형태임을 분명히 하였다.[104] 설교 속에 있는 인간의 언어는 하나님의 말씀을 담는 환상적인 그 무엇이 아니라, 오히려 하나님의 말씀이 설교를 통하여 인간의 언어로 낮아지신 것이다. 그리스도가 설교 속에 현존한다는 것은 그가 말씀을 건네는 분으로 현존한다는 것이다. 그러므로 우리가 설교를 듣는 것은 그리스도의 말씀을 듣는 것이다.

여기에서 그리스도를 말씀이라 함은 첫째, 그분이 진리라는 뜻이다. 천지를 창조하신 것도 살아 계신 말씀이며,[105] 하나님의 영(靈)도 본래가 말씀과 언어이지, 힘이나 감정의 행동이 아니다.[106] 하나님은 말씀 안에서 자신을 계시하였으며, 이 말씀 안에 약속으로 자신을 묶어 놓으셨다. 따라서 우리는 말씀을 통하지 않고는 하나님께 나아갈 수 없으며, 동시에 하나님은 이 말씀을 변경하지 않으신다. 둘째, 그리스도가 인간을 위한 말씀이라는 뜻이다. 인간은 동물과 달리 로고스를 갖고 있으며, 하나님은 이 로고스 안에서 인간을 만나신다. 말씀만이 분명하고 명백한 의미를 전달한다.[107] 셋째, 하나님의 말씀으로서의 로고스는 인간 로고스와는 전혀 다르다. 인간의 말은 단지 '관념의 형식'으로 존재할 뿐이지만, 말씀으로서의 로고스는 인간을 향하여 '말을 걺'의 형태로 실재하는 로고스이다. 그래서 인간의 언어가 '관념'에 의해 지배되는 반면, 하나님의 로고스로서의 말씀은 '부름'에 해당한다.

본회퍼는 '관념'의 말과 '부름'의 말을 엄격히 구분하여, 이 둘은 말의 기본 구조를 형성하면서도 동시에 서로에 대해 배타적인 성질을 갖고 있다고 보았다. '관념'의 말은 무시간적이지만, '부름'의 말은 역사적이다. '관념'의 말은 비인격적이지만, 부름의 말은 인격자의 마음에 따라 질문과 대답이 달라질 수 있으므로 인격적이며, 항상 새로운 것이다. 또한 부름의 말은 본질상 공동체적이다. 왜냐하면 관념의 말은 혼자서도 할 수 있는 것이지만, 부름의 말은 반드시 두 인격, 곧 부르는 자와 듣는 자 사이에서 존재하기 때문이다. 그러므로 부름의 말은 본질상 공동체적이며, 그리스도의 교회 공동체 안에서만 말씀의 뜻을 완전히 알 수 있게 된다. 이러한 공동체적 부름 안에서, 그리스도는 나를 위한(pro-me) 그리스도가 된다. 즉 본회퍼에게 있어서, 그리스도가 말씀이라는 의미는 진리이신 그리스도가 인간을 만나 주시고, 불러 주시고, 관계를 맺어 주시는 분으로 현존하신다는 의미이다.

3) 성례전에 임재하시는 그리스도[108]

본회퍼는 성례전 역시 그리스도의 현존이며, 동시에 그 자체로 하나님의 말씀이라고 하였다.[109] 성례전은 말씀을 대리하는 정도가 아니라, 성례전 그 자체가 하나님이 육신이 된 말씀의 형태라는 뜻이다. 즉 성례전이 그 어떤 것을 의미하는 것이 아니라 성례전 자체가 바로 그 어떤 것 자체라는 것이다.[110] 본회퍼는 성례전이 하나의 상징이 아니라 성례전 자체가 하나님의 말씀이며, 성례전은 하나님이 피조물의 세상 한가운데서 세상의 한 물질적 요소에 대하여 이름을 정하셔서, 말을 건네고 거룩하게 만드신 것이라고 하였다.[111] 빵과 포도주라는 물질적 요소를 말씀으로 거룩하게 만드시는 사건이 성례전에서 일어난다. 그러므로 성례전은 그리스도의 인간화가 아니라, '하나님-인간'이신 분의 궁극적인 낮아짐이다.[112] 말씀이신 그리스도는 전적으로 성례전 가운데에 현존하신다. 즉 예수 그리스도께서 이 땅의 물질로 이루어진 빵과 포도주의 성례전에 자신을 속박하심으로 걸림돌 형태로 낮아지신 것이다.[113] 따라서 성례전은 '하나님-인간'이신 분의 낮아지심 행위이다.

그러면, 왜 이러한 성례전이 존재해야 하는가? 예수 그리스도가 직접 제정하셔서 공동체에게 주신 선물이기 때문이라는 개신교 신학의 인식은 본회퍼가 볼 때, 잘못된 인식의 결과이다.[114] 이러한 인식은 결국 그리스도의 몸이 성례전 밖에 존재한다고 주장하고 있는 것이나 다름없다. 루터는 여기에 대해 편재론(遍在論)으로 대답했다.[115] 즉 그리스도의 몸은 어디서나 동시적으로 존재한다는 것이다. 그러나 본회퍼는 루터의 대답이 '나를 위해' 현존하시는 그리스도의 존재 양태를 간과한 대답이라고 판단한다.[116] 지금까지의 성만찬에 대한 논의들이 관계성으로 현존하시는 그리스도의 실재를 간과하고, '어떻게'의 질문에만 답하려고 시도하여 왔다고 그는 비판했다.

본회퍼에 의하면, '어떻게?'라는 질문에 답을 주려고 하는 모든 시도들은 결국에는 막다른 골목에 도달하게 된다. 따라서 가장 올바른 질문은 '성례전 가운데 현존하고 계시는 분은 누구인가?'라는 존재론적인 물음이다. 그리스도가 말씀 가운데 현존하실 때는 우리의 로고스를 사용하시고, 성례전 가운데에 현존하실 때는 우리의 몸을 사용하신다. 성례전에 현존하시는 그리스도는 우리의 영적 신체적 회복을 위하여 창조주인 동시에 피조물로서 현존하신다. 그리스도 안에서 빵과 포도주는 회복된 새로운 창조이다. 그러나 그것은 빵과 포도주 그 자체를 위한 것이 아니라, 그것이 인간을 위할 때에만 그렇게 된다.[117] 즉 창조주로서의 그리스도가 빵과 포도주의 새로운 창조를 통해, 우리를 새로운 피조물로 만드시는 것이다.

4) 성도의 공동체

본회퍼에게 있어서, 교회 공동체는 실제로 그리스도의 몸이다. 교회 공동체는 공허한 형상에 불과한 것이 아니라, 그리스도의 몸으로 존재하며, 그리스도는 교회 공동체로서 현재한다는 것이다. 교회 공동체에 적용된 몸의 개념은 지체들과 관계된 기능적 개념이 아니라, 그 자체로 현재하시며 높여지고 낮아진 그리스도의 실존 방식을 나타낸다.[118] 그리스도는 말씀과 성례전 안에 현존하시듯이 공동체 안에서 '나를 위한' 존재로서 현존하신다. 말씀이나 성례전으로 현존하는 그리스도라는 개념 속에는 이미 그 본질에 공동체를 포함하고 있다는 것을 전제하고 있다. 말씀은 언어 행위를 통해 교회 공동체 형태를 창조한다.[119] 말씀으로서의 그리스도가 공동체가 된다는 것은, 하나님의 로고스가 시간과 공간 속으로 들어와서 공동체로 존재하게 되었다는 의미이다. 따라서 공동체는 말씀을 받는 그릇 정도가 아니라, 공동체 자체가 계시요, 하나님의 말씀이다.

본회퍼는 영혼의 구원을 개인주의적으로 다루는 것은 이미 사라져 버린 구시대의 유물이라고 비판하면서, 구원론 자체가 공동체적으로 사고되어야 한다고 하였다.[120] 성례전 역시 교회 공동체 내에 존재하며, 교회 공동체로서 존재한다.[121] 성례전은 원래 말씀을 넘어서서 그 자체로 이미 신체적 형태를 갖는다. 이처럼, 교회 공동체는 말씀을 신체화한 형태로서, 이미 그리스도의 몸으로 존재한다. 교회 공동체가 그리스도의 '몸'이라는 표현은 본회퍼에게 있어서는 관념적 표현이 아니라, 역사 속에 실재하는 하나님의 계시인 동시에 구원의 단위(單位)로서 그리스도의 몸이다.

본회퍼에 의하면 계시는 반드시 공동체 안에서 일어나며, 공동체 안에서 사고되어야 한다. 지금까지의 계시 이해는 개인주의적으로 개별 인간의 행위와 존재에 대해서만 사고하면서, 그것이 항상 어떤 공동체 내에서 존재한다는 사실이 간과되어 왔다고 그는 지적한다.[122] 하나님의 말씀이 인류에게 주어졌다면, 복음은 그리스도인 공동체에 주어졌기 때문에, 계시는 자신만의 기독교적 사회학을 필요로 한다는 것이다.[123] 왜냐하면 교회는 현존하는 그리스도이시며, 그리스도는 공동체와 공동체의 지체들에게 자신을 선사하시는 분으로서, '공동체로 존재하는 그리스도'이시기 때문이다.[124] 계시를 개인주의적으로 사고하는 것과 공동체와의 연관성 속에서 사고하는 것 사이에는 근본적인 차이가 있다. 이렇게 사회학적 범주가 도입됨으로써 계시의 인식 문제가 신학적으로 완전히 새롭게 제기되었다.[125]

5) 공동체의 근거로서의 그리스도

본회퍼는 그리스도인들이 서로 어울려 살아갈 수 있는 것은 그리스도의 은혜가 있기 때문이라고 하였다.[126] 예수 그리스도가 원수들 가운데 사셨던 것처럼, 그리스도인들도 원수들 가운데 살아야 한다. 그리스도인이 다른 그리스도인들과 함께 가시적인 공동체 속에서 살 수 있는 것은 그리스도의 죽음과 최후의 심판 사이에서 궁극적인 것을 은혜 가운데 선취하셨기 때문이다.[127] 그러므로 그리스도인의 사귐은 예수 그리스도를 통해 사귀는 것이요, 예수 그리스도 안에서 사귀는 것이다.[128] 그리스도인은 자신의 구원과 의를 자신에게서 찾지 않고, 오직 예수 그리스도에게서만 찾으려는 사람이다. 그러므로 다른 그리스도인이 신체적으로 함께 있다는 것은 신자들에게는 비할 수 없는 기쁨과 힘의 원천이다.[129] 그리스도인은 더 이상 자기를 고발하지도, 의의 근거를 자기에게서 찾지도 않고, 오직 도움은 예수 그리스도의 말씀과 함께 왔고, 앞으로도 날마다 새롭게 올 것을 기대하는데, 하나님은 이 말씀을 사람들의 입에 두셔서 사람들 사이에 계속 전해지도록 하셨다. 따라서 그리스도인은 하나님의 말씀을 들려주는 다른 그리스도인을 필요로 한다. 자기 마음속에 계신 그리스도는 형제의 말씀 안에 계시는 그리스도보다 약하기 때문에[130] 회의와 절망에 빠졌을 때, 다른 그리스도인을 통하여 위로와 격려를 하게 하시며, 자기기만에 빠지지 않도록 다른 그리스도인을 통해 경계하게 하신다. 그리스도인들은 구원의 복음을 전하는 자로 서로 만나서, 사귐을 선물로 받았다. 이러한 사귐은 오직 그리스도의 '낯선 의'를 통해서만 유지될 수 있다.[131]

그러나 사람들 사이에는 항상 다툼이 있다. 그리스도 없이는 사람과 사람 사이에 불화만 있을 뿐이다. 그리스도 없이는 형제를 알 수도 없고, 그에게 나아갈 수도 없다. 그리스도께서 중보자가 되시고 '우리의 평화'(엡 2:14)가 되셔서 사람과 사람 사이에 평화를 이루셨기 때문에, 그리스도인은 오직 예수 그리스도를 통해서만 다른 사람에게 나아갈 수 있으며, 오직 그리스도를 통해서만 하나가 되고 서로 결합된다.[132] 우리가 교회를 그리스도의 몸이라고 부르는 것은 우리가 알고 원하기도 전에 이미 예수 그리스도 안에서 우리가 온 교회와 함께 선택되고 받아들여졌다는 의미이다. 다른 그리스도인들과 공동체를 이루어 함께할 수 있다는 것은 오직 그리스도의 선물이며, 지속적인 기쁨과 힘의 원천이 된다.[133]

3. 존재의 중심이신 그리스도

그리스도가 인간 존재의 중심이라는 말은 단지 인간의 인격과 사유와 느낌의 중심이라는 것만을 의미하는 것이 아니다. 본회퍼가 말하는 '인간 존재의 중심'이라는 것은 관념적-심리학적인 성격이 아니라, 존재론적-신학적인 성격을 갖고 있다. 이 진술은 인간의 인격성(人格性)이 아니라, '하나님 앞에 선 인격'과 관계되어 있다.[134] 인간은 율법과 성취 사이에 서 있다. 율법이 있지만 율법을 성취할 수 없는 것이 인간의 한계이다. 그런 면에서 인간은 율법에 대해서 실패한 존재이다. 그런데 그리스도는 인간이 실패한 바로 그곳에 서 계신다. 존재의 중심으로서의 그리스도는 성취된 율법으로서, 인간의 한계를 드러내며, 인간에 대한 심판을 의미한다.[135] 그러므로 그리스도가 중심이 된 인간 존재는 자신의 한계 속에서 하나님의 약속과 성취를 지향하는 존재이다.

본회퍼는 전체적인 역사의 흐름을 약속과 성취의 도식에서 바라본다. 그는 역사를 철학적이나 종교적인 측면에서 이해하려는 시도들을 배격하고 그리스도 중심적으로 역사를 이해하려고 시도하였다. 역사의 흐름과 모든 초점은 그리스도를 중심으로 이루어지고 있다는 것이다. 그리스도는 개인에게서와 마찬가지로 역사(Geschite)의 한계인 동시에 중심이 되신다.[136] 역사는 약속과 성취 사이에 있으며, 약속의 성취를 지향해 나아간다. 역사는 하나님의 백성이 되리라는 약속을 가지고 있으며, 이 약속이 도처에서 살아 움직인다. 그런 의미에서 역사란 본래 메시아적이다.[137] 이 말은 역사의 의미가 메시아의 도래에 있다는 뜻이기도 하다. 그런데 역사가 죄로 인해서 부패되었기 때문에, 온갖 부패된 형태의 일그러진 모습을 가지게 되었다. 그러나 하나님은 이스라엘을 통해서 예언자적 희망을 이루어 가셨다. 이스라엘은 하나님이 약속을 성취하시는 장소였다. 그래서 그리스도는 역사에 있어서도 중심이 되시는 것이다.

본회퍼는 교회와 국가의 관계에 대해서도 언급하였다. 그리스도가 교회 안에서 현존하시기 때문에 교회는 국가의 중심이 된다.[138] 이것은 교회가 국가교회가 된다거나 국가의 보이는 중심에 설정된다는 의미가 아니라, 오히려 그리스도가 교회 안에서 숨겨진 현존으로 존재하는 것과 같이 교회 역시 국가의 보이지 않는 중심으로 현존한다는 의미이다. 국가의 중심으로서의 교회는 모든 인간적인 야망이 그리스도의 십자가에서 파기되는 것을 인식하고 선포해야 하기 때문에 국가의 한계가 되기도 한다.[139] 이 한계 속에서 교회는 십자가를 통하여 모든 인간적인 질서의 붕괴를 선포한다. 결국 교회와 국가의 관계는 그리스도 안에서 새로운 것이 되었으며, 원론적으로는 교회가 존재한 후에야 비로소 국가가 존재한다. 즉, 그리스도가 교회와 하나님 사이의 중보자이신 것처럼, 교회는 국가와 하나님 사이의 중보자이다. 본회퍼가 이처럼 교회를 국가의 중심으로 언급하는 것은 당시 국가와 야합했던 독일의 교회를 염두에 둔 것으로 보인다.

본회퍼는 자연도 그리스도의 현존의 자리로 보았다.[140] 그리스도는 새로운 피조물로서, 다른 모든 피조물을 옛 피조물로 간주한다. 본래 상태의 자연은 하나님의 뜻을 선포하는 것이었지만, 타락한 피조물로서의 자연은 자유를 상실하고 죄의 노예가 되어 고통을 당하면서, 새로운 자유를 고대하고 있다. 본회퍼는 교회의 성례전 원리[141]를 통해 타락한 자연이 새로운 자유를 얻는 원리를 발견하였다. 자연도 하나님의 타락한 피조물 중의 하나이기 때문에, 성례전에서의 빵과 포도주가 그랬던 것처럼 자연도 그리스도의 현존에 의하여 옛 상태에서 해방되어 자유를 얻을 수 있다는 것이다. 그러나 그리스도가 자연을 구원하시는 것은 행위로 증명되지는 않는다. 단지 그렇게 설교될 뿐이다. 자연은 희망으로서 구속될 뿐이다.[142]

이처럼 그리스도는 인간의 실존과 역사와 자연의 중심이다. 이것은 서로 구분되는 말이 아니다. 사실상 인간 실존은 동시에 역사이며 동시에 자연이다. 그리스도는 이 모든 것의 중심이시며, 내 실존의 장소에서와 하나님 앞에서 나를 위해 현존하시는 분이시다.

4. '누구' 물음의 존재론적 구조

본회퍼의 그리스도론적 물음의 핵심은 '어떻게'라는 물음과 '사실'에 대한 물음 속에 빠지지 않고, '누구'의 존재론적 구조를 해명해 내는 일이다.[143] 그런데 그가 보기에 고대 교회는 '어떻게' 물음 속에서 헤매었고, 계몽주의 이후의 현대신학은 '사실' 물음에 부딪쳐 좌초하고 말았다.[144] 그것이 지금까지 인간의 이성(로고스)이 하나님의 로고스(反로고스)의 요청에 응답하는 주된 방식이었다는 것이 본회퍼의 분석이다. 그에 의하면, 종교적 경건성 자체가 곧 신앙은 아니며, 신앙을 단지 경건성으로만 보려는 시도도 거부되어야 한다. 신앙은 종교적 행위가 아닌 '그리스도를 향한 그의 지향성' 속에 있기 때문이다.[145] 그러므로 예수 그리스도는 우리 시대 속에서, 그리고 우리의 입장과 직업 속에서 항상 새롭게 물어진다.

인간은 그리스도를 향해 묻는다. "당신은 누구입니까?"[146] 그러나 그렇게 묻는 물음 앞에 그리스도는 새로운 도전을 던지신다. "그렇게 묻는 너는 누구냐?" 이처럼 그리스도에 의해서 다시 들려오는 물음의 소리를 통하여 인간은 비로소 그리스도를 알 수 있다. 부활하신 예수 그리스도에 의해서 다시 돌아온 '누구' 질문은 그리스도의 은총이다. 모든 인간은 그리스도의 이 질문을 결코 피하지 못한다. 왜냐하면 부활하신 예수 그리스도는 지금도 살아 계신 인격체로 현존하시면서, 끊임없이 '누구' 질문을 되물으시기 때문이다. 인간은 이렇게 마주 서 있는 부활의 그리스도를 더 이상 없앨 수 없다. 그분의 '누구' 물음에 응답하거나, 또는 그분의 물음을 못 들은 체하며 외면하며 살아가거나 할 뿐이다.[147] 지금 이 순간에도 그리스도는 나를 향해 물으신다. "너는 누구냐? 너에게 그리스도는 누구이냐?"

그러나 많은 사람들은 자신의 자리에서 자신의 눈으로 예수의 '누구'를 스스로 묻고 스스로 대답해 버린다. 그들은 예수를 교회로부터 분리시켜서, 때로는 선한 인간으로, 때로는 공장 노동자로, 때로는 적과 투쟁하는 동지로 대답하려고 시도한다.[148] 사람들은 그런 방식으로 그리스도에 대한 '누구' 물음을 회피해 버리는 것이다. 인간들은 그리스도의 인격적 현존에 관한 누구 물음을 의도적으로 회피하고 왜곡시키면서도, 주어지는 상황에 따라서 계속해서 새로운 누구 물음을 던진다. 그러한 어리석은 인간 행위에 의해 그리스도는 반복해서 또 다시 죽임을 당하신다. 이러한 시도들은 우리 시대 속의 그리스도를 자신의 입맛에 맞추어 각색하려는, 어리석고 파렴치한 시도들이다.

그러므로 '누구' 물음은 오직 이 물음이 자신을 향하고 있다는 자각 속에서만, 그리고 그 질문의 대답을 가지고 있는 신앙 속에서만 제기될 수 있다.[149] 인간은 자신의 한계를 그리스도 안에서 인식함으로써, 그 한계 내에서 동시에 다시 발견된 자신의 새로운 중심을 보게 되는 것이다.[150] 따라서 본회퍼는 예수와의 만남에는 오직 두 가지 가능성만이 존재할 뿐이라고 말한다. 인간이 죽든지, 아니면 예수를 또 다시 죽이든지.[151]

> 십자가에서 하나님의 로고스가 죽었다고 해서 인간의 로고스가 승리한 것은 아니다. 십자가에 달렸던 예수 그리스도는 부활을 통하여 자기를 죽인 자들 앞에 우뚝 섰다. 죽음에서 일으켜진 하나님의 로고스가 다시 새롭게 진격하며 당신이 죽음을 이기고 부활한 분이라고 말한다면, 이때 당황한 인간의 로고스는 부활하신 하나님의 로고스 앞에서 "당신은 누구입니까?"라는 질문을 다시 던지게 된다. 여기

에서 이 물음이 가장 첨예화된다. 인간은 부활하신 그리스도 앞에서 무력할 뿐이다. 인간의 로고스가 성육신하신 로고스에는 대항할 수 있어도, 부활하신 하나님의 로고스 앞에서는 대항하지 못한다. 이처럼 부활하신 그리스도 앞에서 당황하여 "당신은 누구입니까?"라고 묻는 인간 로고스에게 이번에는 반대로 그리스도께서 "이와 같이 질문하는 너는 누구냐?"라고 되묻는 것이다. "그렇게 묻는 너는 진리 안에 있느냐? 나를 통해 의롭게 되고, 은혜를 받았기에 그렇게 물을 수 있는 너는 누구냐?"[152]

이 경우 인간의 로고스나 반(反)로고스 중에서 어느 한 편은 죽어야 한다. 그런데 인간의 로고스는 죽기를 원치 않기 때문에 인간 로고스의 죽음을 대신하는 하나님의 로고스가 죽어야 했던 것이다. 이제 그리스도는 이미 부활하신 분으로서 우리 앞에 서 있다. 인간은 이것을 피할 수 없다. 그리스도가 자신을 계시하시는 것은 은총이며, 인간의 내재적인 로고스가 파괴되는 것은 궁극적으로 부활하신 그리스도 앞에 설 때이다.

제4장

비종교적 시대의
그리스도론

1. '하나님 없음'의 그리스도론적 근거

본회퍼는 우리가 '비종교적 시대(Religionslose Zeit)'를 맞이하고 있다고 하였다.153 '비종교적'이라는 표현은 '종교의 형식'을 넘어서서, 자신을 종교적 특권자로서 이해하지 않고, 오히려 전적으로 세상에 속한 자로서 '에클레시아(부름받은 자)'가 될 수 있는가 하는 문제 제기이다.154 이러한 문제 제기는 '오늘날 우리에게 그리스도가 누구이며, 어떤 의미를 가져야 하는가?' 하는 치열한 고민에서 시작된 것이다.

지난 이천 년 동안 기독교의 선포와 신학은 인간의 '종교적 선험성(Religiöse Apriori)' 위에 서 있었기 때문에 그것은 항상 '형식적'이었다. 이러한 형식적 신학이 역사적으로 표현 방식이 제약된 지난날의 방식이라고 한다면, '인간이 실제로 비종교적이 될 때, 그리스도는 무엇을 의미하는가?' 하고 본회퍼는 묻는다.155

그렇다면 그리스도는 더는 종교의 대상이 아니라, 뭔가 전혀 다른 것, 즉 진정으로 세상의 주님이 되실 것이다. 그

러나 그것은 무엇을 의미하는가? 비종교성에서 제의와 기도는 무엇을 의미하는가? 여기서 신앙의 비밀 훈련(Arkandisziplin), 말하자면 궁극적인 것과 궁극 이전의 것 사이의 구별이 새로운 의미를 가질 수 있는가?[156]

여기에 대하여 본회퍼는 '종교적 인간'보다는 '비종교적 인간' 편에 서겠다고 선언하였다. 종교적인 인간들은 해결할 수 없는 문제들에 대하여 거짓된 종교적 해결책을 제시하거나 거짓으로 해결하려고 할 때, 또는 인간적인 좌절 속에서 의지할 곳을 찾을 때 나타나는 거짓된 종교적 해결책을 본회퍼는 '기계장치의 신(deus ex machina)'[157]이라고 불렀다. 이러한 '해결사 하나님 관(觀)'은 하나님을 전지전능하신 분으로, 모든 문제의 해결자로 보는 '종교적 하나님' 이해로서, 지극히 형이상학적인 이해라는 것이다.[158] 본회퍼는 이렇게 '개인 종교적'이고 '형이상학적'인 하나님 이해에 대하여, 그것은 성서의 메시지에도 맞지 않으며, 오늘날의 인간에게도 맞지 않는 것이라고 비판하였다.[159] 그러한 '종교적' 시대는 지나갔으며, 이제는 비종교적 시대가 도래했다는 것이다. 그래서 본회퍼는 베트게에게 보낸 편지에서 자신이 성서적 개념들에 대한 비종교적 해석에 몰두하고 있다고 고백하였다.[160] 여기서 말하는 비종교적 해석이란, 작업가설(Arbeitshypothese)로서의 하나님을 폐기하고 '만일 신이 존재하지 않는다면'이라는 가설에 기초하여, 오직 '지적 성실성'에 의하여 세상을 인식하는 것을 말한다.[161] 본회퍼에 의하면, 이것은 불신앙이 아니라 오히려 "너희가 돌이켜 어린 아이들과 같이 되지 아니하면 결단코 천국에 들어가지 못하리라"(마 18:3)라는 성서의 명령에 순종하는 것이다. '하나님이 존재하지 않는다 해도(Etsi Deus non daretur)' 우리는 세상에서 살아야 한다는 것을 인식하는 것이 지적 성실성이며, 역설적이게도 이러한 성실성은 오직 하나님 앞에서만 가능하다는 것이다.[162]

> 작업가설이라는 하나님 없이 우리를 세상에서 살도록 하시는 하나님은 우리가 항상 그 앞에 서 있는 하나님이지. 우리는 하나님 없이 하나님 앞에서 하나님과 더불어 산다네.[163]

"하나님 없이 하나님 앞에서 하나님과 더불어 산다."라는 표현은 자기 자신을 십자가로 추방하신 하나님, 이 세상에서는 무력하고 약하며 수난 당하시고 죽으신 그리스도를 통하여 자신을 나타내 보이신 하나님을 향하고 있다. 그리스도는 그의 전능하심으로서가 아니라 그의 약함, 그의 수난으로 도우신다는 의미이다.[164] 본회퍼에 의하면, 이러한 전제하에서만 그릇된 신 관념이 제거될 수 있으며, 이것이 곧 성인이 된 세계를 지향해 나가는 발전 과정이다. 수난 당하신 그리스도만이 이 세상에서 그의 무력함을 통해 능력과 공간을 획득하시는 성서의 하나님을 볼 수 있는 눈을 열어 주는데, 그것이 바로 본회퍼가 말하는 '세상적 해석(die weltliche Interpretation)'이다.[165]

그리스도인이 된다는 것은 특정한 방식의 종교인이 되는 것이 아니라네. 그것은 어떤 방법에 근거해서 자신으로부터 뭔가를(회개한 죄인, 참회한 자, 또는 성자 등) 만들어 내는 것이 아니라네. 그리스도인이 된다는 것은 인간 존재가 되는 것이라네. 그리스도는 우리 안에서 특별한 인간 유형(Manschentypus)이 아니라 인간을 만드시지. 종교적 행위가 그리스도인을 만드는 것이 아니라, 세상적인 삶에서 하나님의 고난에 동참하는 것이 그리스도인을 만든다네. 그것이 "메타노이아($μετάνοια$, 회개)" 즉 자기 자신의 곤

궁, 문제, 죄, 불안을 생각하지 않고 예수의 길에 들어서서 메시아적 사건에 동참하고, 이로써 이사야 53장이 이제 이루어지도록 하는 것이지.[166]

여기에서 종교적인 행위나 종교적인 방법들은 아무것도 아니다. 종교적 행위는 항상 뭔가 부분적인 것이고, '신앙'은 항상 전체적인 것으로서의 삶의 행위이다.[167] 예수는 우리를 새로운 종교로 부르신 것이 아니라, 새로운 삶으로 부르셨다.[168]

2. 새로운 존재 방식으로서의 신앙

'그리스도 안에 있는 존재'로서의 신앙인은 자기를 바라보는 존재가 아니라, 오직 예수를 바라보는 존재이다. 하나님의 새로운 피조물로 부활한 새사람의 본질은 자기 자신은 무시하고 온전히 그리스도만을 바라보며 사는 데 있다.[169] 신앙의 행위는 그러한 지향성 속에서 '신앙'으로 존재하게 되는데, 그리스도에 대한 지향성은 그리스도의 공동체 안에 기초되어 있다고 본회퍼는 말한다.[170] 그러므로 인간을 새롭게 하시는 하나님의 행동으로서의 계시는 본질적으로 공동체 안에서 일어난다. 이러한 '신앙' 안에서 새롭게 창조된 인격은 공동체와의 연관성 속을 통해서만 파악되고, 공동체 또한 이 연관성 속에서만 해명될 수 있다. 그러므로 본질적으로 신앙의 행위는 공동체적 행위이다. 이것을 본회퍼는 '교회 사상'이라고 표현하였다.[171]

인간은 언제나 죄책 속에 존재할 수밖에 없는 존재이지만, 교회 공동체를 통해서 그리스도 안에 존재하는 새로운 존재로 받아들여진다. 여전히 죄 많은 인간이 그리스도의 몸인 교회 공동체로서의 일원으로서 새로운 인간으로서 하나님과 역사 앞에 서는 것이다. 그러므로 교회 공동체는 역사적 인간의 삶을 전적으로 짊어지고 있으며, 동시에 모든 피조물의 삶을 포괄하게 된다. 이와 같은 새로운 존재의 존재 방식이 바로 본회퍼에게 있어서의 신앙의 의미이다. 신앙인은 공동체 안에서, 그리스도로 새롭게 된 인격으로서, 모든 인간과 현실 사이의 중보자이신 그리스도의 부름에 따라 역사와 피조물을 책임지는 존재이다.

이렇게 책임적인 존재로 부름을 받은 제자로서, 그리스도인에게는 제자직의 당위성(當爲性)이 주어진다. 모든 그리스도인은 그리스도의 부름에 따라 세상과 역사와 상황에 대한 제자직을 감당하는 존재로 살아가야 하며, 교회 공동체 또한 존재의 성격 자체에 이미 신앙 행위의 당위성이 포함되어 있는 것이다. 즉 신앙인은 '교회공동체 안에서' 새롭게 창조된 인격의 '존재'로서, '교회 공동체를 통하여' 신앙의 '행위'를 한다. 여기서 인간은 그리스도 안의 인격이라는 자신의 '존재'와 그리스도 안에서의 '행위'라는 두 가지 실존 방식을 하나로 통합한다. 인간은 행위 없이 존재 속에서만 존재하지도 않고, 존재 없이 행위 속에서만 존재하지도 않는다.[172] 이것은 그리스도의 공동체 안에서 '그분을 지향하는 관계의 인격성'으로 존재하는 것, 즉 그리스도 안에서의 새로운 존재 방식으로서의 삶이다. 새로운 존재 방식으로서의 삶은 현존하시는 그리스도에 대한 신앙 안에서 '새로워진 나'를 인식하고, 그로 인해 나의 모든 존재 규정은 그리스도 안에 있는 계시와 결합된다.[173] 즉 인간의 진정한 현실은 그리스도를 통해서만 존재하며, 이것은 신앙의 '어떠함'과 분리될 수 없는 '신앙하는 자의 현존재'이다.[174] 그래서 그리스도 안에서, 그리스도에 의해 새롭게 창조된 세계와 이웃과 현실을 새롭게 만나게 된다.

3. 세상 속에서의 신앙

그리스도 안에서 새로워진 인간은 그리스도의 몸에 속한 자로서 세상으로부터 벗어나서 그리스도에 의한 자유를 얻었지만, 동시에 세상 앞에서 숨어서는 안 되며 세상 안에 머물러야 한다. 이것은 세상 한가운데에서 그리스도를 따르는 삶을 통해 이 세상을 극복하고 있다는 사실을 생생하게 증언하라는 뜻이다.[175]

본회퍼는 **나를 따르라**에서 고린도전서 7:20-24를 풀이하면서 그리스도인이 세상을 극복하는 방법은 사회질서의 전복과 혁명을 통하여 더 나은 세상을 꿈꾸는 것이 아니라, 세상이 교회와 형제를 멸시할 때에도 그 세상을 사랑하고 섬기는 것이라고 하였다.[176] 그래서 세상은 지배하기를 원하고 집권자들은 위에 있기를 원하지만, 그리스도인은 아래에 머무르며 낮아짐과 섬김을 통해서 세상의 본질과는 다르다는 것을 보여 주어야 한다.[177] 비록 집권자들이 과오와 불의로 자극한다 할지라도 같은 방법으로 저항해서는 안 된다.[178] 세상의 질서가 전복되어서는 안 될 만큼 선하고 거룩하기 때문이 아니라, 오히려 그 반대로 세상은 그 자체로 완전해질 수 없기 때문에, 그리스도인은 세상으로부터 무엇인가를 기대하는 것이 아니라, 오직 그리스도와 그의 나라로부터만 기대를 가져야 한다는 의미이다. 이 세상에는 선한 것이 없으며 파멸의 때를 향하여 달려갈 뿐이다.[179] 심지어 히틀러조차도 그들의 편에서는 '혁명'이라고 선전하였던 것처럼, 이 세상에서의 사회질서의 전복과 혁명은 예수 그리스도를 통한 갱신과 그분의 공동체 설립을 위한 전망을 오히려 흐려 놓게 할 것이며, 그러한 시도들은 오히려 하나님 나라의 도래를 방해하고 지연하게 된다고 본회퍼는 주장한다.[180]

그러므로 그리스도인들은 세상의 불의와 과오에 자

극받기보다는, 어디에서나 오직 하나님이 명하신 선한 일에 몰두해야 한다. 그리스도는 이 세상이 줄 수 없는 '더 나은 약속'을 가지고 계시기 때문이다.[181] 이것은 세상의 일에서 관심을 멀리하거나 관념적인 종교적인 생활을 강화하라는 의미가 아니다. 오히려 세상 속에서 세상 안의 직업생활을 영위하며 살아가면서도 그가 세상과 다르다는 사실을 전적으로 보여 주라는 뜻이다.[182] 세상을 변혁하여 지배하는 방식으로는 하나님의 뜻을 이루기보다 오히려 다시금 세상과 똑같은 자가 되어 버리는 오류에 빠지게 된다. 오직 그리스도에게로 몰두하며 그리스도가 이끄시는 영광에 집중함으로써, 그리스도인들은 세상의 가치관에 혼돈되지 않고 모든 악을 극복할 수 있다.

예수는 이 세상 속으로 육신을 입고 들어와서 인간이 되었으며, 오로지 하나님의 나라를 선포하다가 원수들 한복판에서 죽으셨다. 그러므로 그리스도인들 또한 세상 속에서 세상을 기대하지 않고 그리스도를 통한 자유를 누리면서 그리스도인의 희망을 적절하게 표현하며 살아가야 한다. "형제들아 각각 부르심을 받은 그대로 하나님과 함께 거하라"(고전 7:24)라는 말씀은 세상 한

가운데에 있는 '보이는 교회' 안에서 그리스도의 몸과 함께 거한다는 뜻이요, 예배를 통해 그리고 그리스도를 따르는 삶을 통해 이 세상을 극복하고 있다는 사실을 생생하게 증언하라는 뜻이다.[183]

제5장

그리스도의 현존에 참여하는 제자직

1. 제자직으로의 부름

1) 값비싼 은혜

그리스도로 인하여 새롭게 된 존재로서의 인간은 필연적으로 그리스도의 부름을 받는다. 본회퍼는 말하기를, 믿는 자는 마땅히 그리스도의 부름에 순종해야 하며, 그 은혜에 응답하여 제자의 삶을 살아가야 한다고 하였다. 은혜는 이념이 아니기 때문이다. 하나의 이념으로 이해되는 은혜를 본회퍼는 '값싼 은혜'라고 불렀다.[184] 대가나 노력 없이 교리나 원리 등의 체계로 세상의 죄를 헐값으로 덮어 버리려고 하는 은혜는 값싼 은혜이다. 이러한 은혜는 참회가 없는 사죄요, 치리가 없는 세례요, 죄의 고백이 없는 성만찬이요, 십자가 없는 은혜요, 인간이 되신 예수 그리스도가 없는 값싼 은혜이다. 그리스도의 은혜가 값싼 것이 되어서는 안 된다. 불신앙은 값싼 은혜를 먹고 산다.[185]

반면 '값비싼 은혜'가 있다.[186] 그것은 예수 그리스도의 부름이 있는 은혜이다. 은혜가 값비싼 까닭은 그리스도의 뒤를 따르기를 촉구하기 때문이요, 인간의 생명을 대가로 치르기 때문이요, 또한 인간에게 새로운 생명을 선사하기 때문이다. 값비싼 은혜는 뒤따름과 서로 떼어 놓을 수 없는 하나이다.[187] 이것은 예수의 부름에 응답하는 제자가 된다는 의미이다.

중세시대의 로마교회는 수도원을 만들어 엄격한 훈련과 계명을 통한 제자됨을 강조하였다. 그러나 본회퍼는 수도원 생활이 제자의 삶을 고취시키는 것이 아니라 오히려 일반 교인들의 세속화를 부추기는 결과를 가져왔다고 비판하였다. 수도원 생활은 오히려 은혜를 평가절하(平價切下) 하는 결과를 가져오고 말았다는 것이다. 즉 예수를 따르는 제자됨의 생활을 결국은 일반 교인과는 다른 특별한 집단에게 국한된 것으로 인식하게 함으로써, 오히려 일반 교인들의 세속화를 정당화하는 꼴이 되고 말았다는 것이다.[188] 수도원 생활이 특정한 사람들의 업적이나 공로 행위로 변질되면서, 예수의 제자가 되는 길이 인간의 특별한 공로가 아니라, 모든 그리스도들이 마땅히 따라야 할 순종의 길이라는 당연한 사실이 잊히고 말았다는 것이다. 본회퍼가 보기에 이것은 심각한 변질이었다. 루터가 종교개혁을 하면서 수도원을 뛰쳐나

온 것은 수도원의 훈련을 값싼 은혜로 바꾸기 위함이 아니라, 반대로 모든 그리스도인들이 일상적인 직업생활 속에서도 수도원적인 순종과 훈련의 삶을 살도록 하기 위해서였다.[189] 예수의 제자가 되는 길은 인간의 특별한 공로가 아니라 모든 그리스도인들을 향한 하나님의 명령이다.

2) 단순한 순종

본회퍼가 보기에 그리스도를 믿는다는 것은 교리 체계를 받아들이는 것을 넘어서, 그리스도와 함께 제자의 길을 가는 것이어야 한다. 제자의 길에서는 모든 것을 예수 그리스도의 말씀에 걸어야 하는 상황이 만들어질 수도 있다. 제자의 길에서, 따를 수 있는 상황과 따를 수 없는 상황을 구분해서는 안 된다. 오직 그분의 부름만이 상황을 만든다. 믿음과 순종, 이 두 명제는 본회퍼에게 있어서 서로 분리될 수 없는 명제였다.

오직 믿는 자만이 순종하고, 오직 순종하는 자만이 믿는다.

비록 이 명제는 두 문장으로 되어 있지만, 두 문장은 다 같이 진리이다. 만약 이 두 명제를 서로 분리해 버린다면, 성서의 진실성에 큰 손상을 입히는 셈이 된다.[190]

제자의 길에는 사실상 순종이 아니면 불순종만이 존재한다. 예수의 부름은 명백하다. "*네가 온전하고자 할찐대 가서 네 소유를 팔아 가난한 자들을 주라.*"[191] 이러한 부름에 대한 유일한 대답은 오직 '단순한 순종'뿐이다. 본회퍼에게 있어서, 단순한 순종을 왜곡하는 것은 곧 불순종이다. 이 명령 앞에서의 순종은 "소유를 팔아 가난한 자들을" 주는 방법뿐이다. 이 명령을 받았던 부자 청년은 근심하며 떠났다.

오늘날 우리는 스스로를 부자 청년과 구별하여 '내면적으로' 해석함으로써, 그 청년이 직면했던 명백한 갈등 상황을 회피해 버린다는 것이 본회퍼의 지적이다. 즉 '재물이 없는 듯이 재물을 가지고 살아가라는 뜻이다.'라는 식으로 본문에 내면적 해석을 첨가함으로써, 성서의 첨예한 요구의 칼날을 피해 버린다는 것이다. 이렇듯, 수용하기 곤란한 명령 앞에서 단순하고 문자적인 순종을 의식적으로 폐기하고, 그것을 내면적인 의미라고 수정하여 받아들여 버리는 것은 말씀에 대한 심각한 왜곡이며 모독이라고 본회퍼는 지적했다. 단순한 순종이 폐기된다면, 값비싼 은혜는 다시금 값싼 은혜로 전락할 위험에 처하게 된다. 그렇게 되면, 인간이 성서를 자기 뜻대로 해석하는 열쇠를 가지고, 순종하기 어려운 명령이 주어질 때마다, '내면적 해석'으로 우회하여 피해 가면 되는 길을 열어 두는 방식으로, 성서 원리에 대한 심각한 변질이 발생한다는 것이다.

그러므로 '역설적 이해'라는 핑계로, 성서의 명령에 대한 '단순한 이해'가 폐기되어서는 안 된다.[192] 예수의 부름을 역설적으로 이해한다는 것은 극단적인 위험성을 안고 있다. 예수의 명령 앞에서 재산을 간직하는 것보다, 실제로 포기하는 것이 훨씬 더 쉬울 것이라는 사실을 알지 못하는 자는 예수 그리스도의 말씀을 역설적으로 이해할 권리가 없다.[193] 값싼 은혜 논리에 의한 역설적 이해는 성서의 본뜻을 곧 거꾸로 뒤집어 버릴 수도 있고, 구체적인 순종으로부터 도피하는 길이 되어 버릴 수도 있다. 예수의 계명을 단순하게 이해하고 문자대로 순종하는 것, 그것이 예수의 부름에 응답하는 가장 기본적인 태도이다. 단순한 순종의 왜곡은 곧 불순종이다.

3) 필연적 고난(Leiden müssen)

예수는 고난 속에서 버림을 받은 그리스도이다. 그분은 하나님의 필연성 때문에 고난을 받고 죽어야 했다. 그렇기 때문에 그분을 따르는 그리스도인의 삶에도 반드시 필연적인 고난이 따라온다. 그리스도가 오직 고난을 받고 버림을 받는 자로서만 그리스도가 될 수 있었듯이, 제자들도 오직 고난받고 버림받는 자로서만 제자가 될 수 있다고 본회퍼는 말한다.[194] 참된 그리스도인은 누구나 십자가를 져야 한다. 그리스도가 친히 십자가를 지셨기 때문이다. 그러므로 고난받음이 곧 그리스도를 따르는 표지가 된다. 이것은 '필연적인 고난'이다.[195] 그러므로 그리스도인에게 고난은 낯선 것이 아니다. 고난을 통하여 우리는 고난받는 그리스도와 결속되며, 오히려 순수한 은혜와 기쁨을 누릴 수 있다는 것이다. 본회퍼에 의하면, 자신의 십자가 지기를 거부하는 자는 그리스도와의 사귐을 상실한다. 그리스도를 따르는 것은 '고난을 받으시는 그리스도'와 결속되는 것이기 때문이다.

예수는 말하기를 "아무든지 나를 따라 오려거든 자기를 부인하고 자기 십자가를 지고"[196] 따르라고 하셨다.

그렇다고 해서 자기 부인이라는 의미가 자학 행위나 금욕 훈련을 말하는 것은 아니다. 자학이나 금욕은 인간의 고집에 의해 자행되는 행위인 반면, 자기부인(自己否認)은 자기 자신의 뜻을 관철시키는 것이 아니라, 자신의 뜻을 내려놓고 오로지 그리스도만을 따르는 것이다. 스스로 어떤 십자가를 찾거나, 의식적으로 어떤 고난을 추구하는 것이 아니다. 모든 사람에게 자신의 십자가가 이미 마련되어 있고, 하나님께서 각자에게 '자기 십자가'를 주신다. 하나님께서 주시는 십자가는 가혹한 숙명이 아니라, 오직 예수 그리스도와의 결속 때문에 생기는 고난이므로 '그 멍에는 쉽고, 그 짐은 가볍다'(마 11:30). 순교자들은 주님 때문에 겪는 끔찍한 고통 가운데서도 오히려 예수와 사귐을 나누는 최고의 기쁨과 축복을 누리게 된다.[197] 십자가를 지는 것이야말로 고난을 극복하는 유일한 길이다. 십자가를 지고 살아가는 것은 영혼을 불행이나 좌절에 빠뜨리는 것이 아니라, 오히려 영혼을 소생시키게 하고, 쉬게 하는 것이요, 최상의 기쁨이다. 이 십자가는 우리의 짐을 쉽고 가볍게 하시는 그분의 멍에를 지고[198] 그분과 함께 그 뒤를 따르는 길이다.

2. 그리스도의 부름에 응답하는 제자직

본회퍼의 계시와 신앙에 대한 이해는 '오늘날 우리들에게 그리스도교는 무엇이며, 그리스도는 누구인가?'라는 질문을 제기하도록 만들었다. 그리스도인으로 살아간다는 것은 그리스도를 뒤따르는 삶이다. 예수는 제자들을 부르셨다. 예수의 부름을 들은 자는 주저하지 말고, 순종해야 한다. 제자의 응답은 예수에 대한 신앙고백만이 아니라, 순종의 행위이어야 한다.[199] 예수께서 제자를 부르셨을 때, 그들은 모든 것을 버려두고 즉시 예수를 따랐다.

이 만남에는 오직 부름받은 자의 순종만이 그 결과로 나타났다. 제자의 응답은 말이 아니라 즉각적인 순종의 행위이다. 부름을 받은 자는 자신이 가진 모든 것을 다 버렸다. 특별히 더 가치 있는 그 무엇을 위해서 그렇게 한 것이 아니라, 부름에 응답하기 위해서 마땅히 해야 하는 일이었다. 예수 그리스도를 따르는 길에 이러한 즉각적인 순종의 행위 외에 다른 것은 없다고 본회퍼는 강조하였다.

예수는 그리스도로서 제자를 부를 수 있고, 자신의 말씀에 대한 순종을 요구할 수 있는 전권(全權)을 가지셨다. 예수는 선생이나 모범으로서가 아니라 하나님의 아들 그리스도로서 제자직을 요구하신 것이다.[200] 본회퍼에 의하면, 오직 중보자이신 '하나님-인간'만이 제자직을 요구할 수 있다. 제자직이란 그리스도에게 매이는 것이다. 그리스도가 존재하기 때문에 제자도 반드시 존재한다.[201] 제자직이 없는 기독교는 예수 그리스도가 없는 신화의 종교로 변질된다는 것이 본회퍼의 생각이다. 즉 그리스도론이 없는 신(神) 중심 신앙은 제자됨을 폐기해 버린다는 것이다.[202] 신 중심 신앙에는 하나님에 대한 신뢰는 존재할지 몰라도 제자직은 존재하지 않는다. 제자직은 인간이 되신 중보자 그리스도와 결부되어 있다. 예수는 그리스도이기 때문에 그의 말씀은 처음부터 교리가 아니라 실존의 새로운 창조였다.[203] 그러므로 오직 제자직만이 그분과의 올바른 관계이다.

3. 타자(他者)를 위한 존재

본회퍼는 예수가 타자(他者)를 위해 존재했기 때문에 '비종교적 해석은 곧 그리스도론적 해석'이라고 하였다.[204] '그리스도는 오늘 우리에게 누구인가?'라는 물음에 대해 비종교적 해석으로 대답하는 것이 곧 그리스도론적인 것이라는 뜻이다. 참된 그리스도 신앙은 '종교적'인 것이 아니라 예수의 존재에 참여하는 가운데 주어지는 '타자를 위한 존재'로 드러나는 새로운 삶이어야 한다는 성찰이다.

> 예수 그리스도와의 만남, 여기서 모든 인간 존재의 회심이 주어진다는 경험은 오직 '타자를 위한 현존한다'는 사실에서만 가능하다. … 예수의 '타자를 위한 현존재'는 초월경험이다. … 예수의 존재에 참여하는 가운데 주어지는 '타자를 위한 존재'에서 드러나는 새로운 삶이다.[205]

이런 의미에서, 신앙의 초월경험에 참여하는 길은 '타자를 위한 존재'로서 예수 그리스도 안에서 하나님의 고난에 참여하는 것이다. 즉 하나님의 전능성이란, 모든 것을 할 수 있는 그런 능력을 말하는 것이 아니라 죽기까지 '타자를 위한 존재'가 되신 예수 그리스도의 방식에 동참하는 것이다. 타자를 위한 존재가 됨으로써 자기 자신으로부터 완전히 자유롭게 되는 경험에 참여하는 것이 진정한 초월경험이다. 본회퍼는 베트게(Eberhard Bethge)에게 보낸 편지에서 이렇게 썼다.

> 모든 것을 해야 하고 할 수 있다고 생각하는 신은 예수 그리스도의 하나님과는 무관하지. 하나님이 약속하신 것과 그분께서 성취하는 것이 무엇인지 인식하기 위해서 우리는 매우 오래, 그리고 침착하게 예수의 삶과 말씀, 행동과 수난, 그리고 죽음을 깊이 생각해야 하지.[206]

'타자를 위한 존재'로서 그리스도의 초월에 참여하는 경험을 본회퍼는 다음과 같은 시로 표현하였다.

> 인간은 고난 가운데 계신 하나님에게로 가서,
> 가난하고, 천대받고, 집도 먹을 것도 없는 그들을 발견하고,
> 죄, 약함, 죽음에 삼켜 버린 그를 본다.
> 그리스도인들은 수난 가운데 있는 하나님 편에 선다.[207]

제6장

오늘 우리의 삶 속에서 그리스도를 신앙한다는 의미는 무엇인가?

1. 신앙의 실존적 의미

이 책의 시작은 '오늘 우리 삶의 실존 가운데, 그리스도를 신앙한다는 의미는 무엇인가?' 하는 물음이었다. 본회퍼는 이 물음에 대하여 그리스도의 초월성으로 대답하였다. 그리스도 자체는 인간에게 인식될 수 없기 때문에, 우리가 그의 존재와 인격에 대해서 직접적으로 알 수 있는 방법은 없다. 다만 걸림돌의 형태로 낮아지셔서 인간의 실존 가운데로 현존하시는 그리스도를 만날 뿐이다. 그분은 나를 위해 낮아지셨고, 교회 공동체의 실재 속에 현존하신다.

그렇다면 우리가 그리스도의 인격적 현존에 참여하는 방법은 무엇인가? 그리스도는 '나를 위한(pro-me)'이라는 구조를 통하여 교회 안에서 말씀과 성례전과 공동체라는 낮아짐의 형식으로 존재하시며, 또한 인간의 실존과 역사와 자연 속에 현존하신다. 예수 그리스도는 인간의 실존과 역사의 중심이 되시며, 하나님과 자연 사이의 중보자가 되신다. 이러한 그리스도 이해는 필연적으로 인간의 응답을 요구한다. 그리스도를 따르는 인간은 인간의 실존과 역사와 자연에 대하여 하나님 앞에서 결단하고 응답해야 한다는 의미이다. 이것이 하나님의 낮아짐으로서의 '그리스도의 현존'과 그에 대한 인간의 응답으로서의 '제자됨'의 의미이다. 그리스도는 교회 안에서뿐만 아니라, 인간의 실존과 역사와 자연에 대하여 책임지는 존재로 우리를 제자로 부르신 것이다.

 제자의 길은 '자기 십자가를 지고 나를 따르라'[208]고 하시는 '값비싼 은혜'인 동시에, 그러한 그리스도의 부름에 '단순하게 순종'하고, 그리스도의 고난에 동참하며, 세상에서 사랑과 평화를 실천하며 살아가는 것이다. 이러한 본회퍼의 이해는 신앙이 점점 관념화되고 있는 오늘날의 시대에 더욱 의미 있게 들린다. 신앙은 관념이나 교리가 아닌 믿음과 순종의 행위이다. 드러나지 않는 관념이나 교리의 신앙은 값싼 은혜이다. 오직 실천만이 믿음을 입증하고, 오직 열매만이 나무의 가치를 결정한다.[209] 그리스도인은 입술의 고백만으로 되는 것이 아니다. 그리스도를 따르는 사람이 참된 그리스도인이다. 그리스도인은 은혜로 인하여 행위로부터 벗어난 것이 아니라, 오히려 제자직으로의 부름을 받아 그리스도의 현존에 참여하는 값비싼 은혜를 받은 것이다. 그러므로 응답을 요구하시는 그리스도의 부름 앞에서 우리는 단순하게 순종해야 한다. 그리스도의 요청은 분명하다. 그리스도께서 당하신 그 고난에 참여하여, 하나님과 이웃을 위한 자기 십자가를 지는 '행위'를 하라는 것이다. 이렇게 볼 때, 고난은 필연적이다. 행위에 대한 그리스도의 명령을 관념화하여, 내면적으로 이해하는 것은 회피이며, 제자로서의 직무유기이다. 참되고 '단순한' 순종만이 우리를 진정으로 자유롭게 한다.

세상에서의 직업과 생활에 있어서도 마찬가지이다. 그리스도인은 세상 직업을 수행함에 있어서도 그리스도의 제자직으로 수행해야 한다. 그래야만 세상과 역사의 중심이신 그리스도의 현존에 참여할 수 있으며, 그것만이 복음으로부터 새로운 권리와 능력을 획득하는 길이다. 그리스도인의 삶에 능력이 없으면, 그것은 의미도 소망도 없는 죽은 삶이다. 세상 속에서 우리는 능력 있는 삶을 회복하고, 소금과 빛의 사명을 감당해야 한다. 이 땅에서 그리스도인들이 능력을 회복하는 길은 관념이나 교리가 아니다.

참된 제자의 길은 관념이나 교리적 훈련에 있는 것이 아니다. 오히려 그러한 값싼 은혜에서 벗어나서, 인간 실존과 역사와 자연에 대하여 응답을 요구하시는 예수 그리스도의 현존에 참여하는 것이어야 한다. 참된 제자의 길은 그리스도와 함께 고난에 참여함으로써, 단순한 순종의 행위를 실천하는 새로운 가치관에 의하여 새로운 삶을 사는 방법밖에는 없다. 성서의 명령에 대한 단순한 순종으로서, 그리스도인의 사명을 감당하는 제자직으로의 초대를 받아들여서, 오늘 우리 앞에 주어진 그리스도의 고난에 참여하는 것으로만 우리는 그리스도의 현존에 참여할 수 있다. 그리스도를 따르는 것은 값싼 은혜의 길을 벗어나 단순한 순종으로 제자의 길을 가는 삶이다.

2. 당시 독일교회의 상황과 본회퍼의 결단

본회퍼가 베를린대학에서 그리스도론을 강의한 1933년은 히틀러가 총통으로 취임했던 해였다. 당시 수많은 신학생과 목회자들은 이미 나치스에 매료되어 히틀러의 정책에 동조하고 있었으며, 교회와 나치즘의 연합을 주장하던 '독일적 그리스도인들' 운동이 확산되고 있었다. 이들은 '민족은 하나, 하나님은 하나, 신앙도 하나'라는 구호 아래 독일의 교회를 자신의 지배 아래 두려고 했던 히틀러의 정책에 동조하여 민족주의적인 기독교를 추구하였다. 반면, 본회퍼를 비롯한 다수의 독일교회 지도자들은 이에 대항하여 '고백교회(Bekennende Kirche)'를 통해 교회적인 저항운동을 벌였다. 고백교회 운동은 외적으로는 히틀러의 국가사회주의에 반대하고, 내적으로는 '독일적 그리스도인들' 운동을 반대하며 일어났던 운동이다. 이러한 1933년 전후의 상황들은 본회퍼의 그리스도론 강의의 내용에 영향을 미친 것으로 보인다.

그리스도론에서 본회퍼는, 인격체로 현존하는 그리스도가 역사에 있어서도 중심이 되시기 때문에 교회도 역사의 중심으로 이해되어야 한다고 피력하였다. 그리스도의 십자가로 인하여 국가와 교회의 관계도 새로워졌으며, 그래서 교회는 국가의 보이지 않는 중심으로서 국가를 심판하고 의롭게 하며, 국가의 본질은 질서를 창출하는 것이라고 볼 때, 그 바탕에는 메시아적 사상이 숨겨져 있다고 본 것이다.[210] 그러므로 교회는 국가를 메시아적 성취로 이끌고 가는 동시에, 국가의 한계를 심판하는 숨겨진 중심이 된다. 이러한 이해는, 1933년 당시 히틀러가 독일 국민의 메시아로까지 인식되던 상황에서 '독일적 그리스도인들' 운동과의 투쟁에 대비한 신학적 근거가 되었다. 그러나 1938년 이후에는 고백교회조차도 히틀러에 맞서 대항할 힘을 잃어버리고, 대부분의 회원 목사들이 히틀러에 충성을 서약함으로써 본회퍼를 몹시 실망시켰다.[211]

그러한 상황에서 본회퍼는 그리스도의 신앙한다는 것은 절대 윤리가 아니라, 상황 속에서의 '현실적 적합성'[212]을 지닌 책임적인 행동 윤리를 실천하는 것이라고 믿었다. 그래서 그는 히틀러 정권의 독재에 무력으로 저항하였으며, 교회를 깨우치기를 원했고, 그리스도의 정의와 심판을 선언하고 실행하기를 원했다. 본회퍼는 왜곡된 현실과 역사 앞에서, 그리고 무기력하고 혼란스러운 교회를 향하여, 그리스도의 제자직을 수행하는 책임 있는 그리스도인의 모습을 그의 삶과 행동으로 보여 주었다.

3. 본회퍼의 관점에서 보는 한국교회의 문제

한국교회는 지난 한 세기 동안 세계가 놀랄 만한 양적 성장을 이루어 왔으나, 1990년대 이후를 기점으로 성장은 점점 심각한 정체를 보여 왔다. 정체의 원인은 절대 인구의 감소, 경제적 여유로 인한 종교적 감성의 저하 등으로 다양하게 추론해 볼 수 있다. 그러나 그러한 일반적이고 외형적인 원인 외에도 더 근원적이고 구조적인 문제가 존재하고 있다는 사실을 주목해야 한다. 그 원인은 바로 올바른 신학의 상실이다. 한국교회는 그동안 그리스도의 부름과 제자직의 수행을 잊어버리고, 양적 성장 위주의 물량주의에만 사로잡혀서 교인의 숫자와 재정을 교회 성장의 척도로 삼는 경향을 보여 왔다. 이것은 다만 대형 교회들만의 문제가 아니다. 중소형 교회들도 물량주의에서 자유롭지 못하기는 마찬가지였다. 오히려 대형 교회를 추구하고 닮아 가려는 지향성을 품고 있다는 점에서는 더 심각한 문제점을 안고 있다.

이러한 성장 지향주의는 수많은 문제를 야기했다. 교회가 세상과 타협하여 정부체제 유지와 정권(政權)을 위한 기도회를 열고, 권력자를 찬양하는 부끄러운 모습들을 연출하였다. 또한 교회가 양적으로 성장하기만 하면 모든 것이 정당화되는 분위기로 인하여 설교단이 온갖 천박한 신학의 잡동사니들을 쏟아 내는 쇼 무대로 변질되는 경우도 적지 않았다. 이것은 정상적인 교회의 모습이 아니다. 이러한 병든 신학의 결과가 온갖 윤리적, 물질적 추문들인 것이다. 성장주의적 목회와 지도자들의 윤리적 부패, 변칙적인 세습, 고액 연봉, 신학적 피상성과 인기 위주의 설교, 정치권에 대한 교회의 영향력 등의 수많은 문제들은 기독교에 대한 환멸을 낳기에 충분했다.[213]

한국교회의 문제는 윤리 도덕의 문제이기 이전에 신학의 문제이다. 값없이 받는 은총을 이야기하면서 신앙을 관념화하여 피안의 세계로 던져 버리고, 현실의 고난을 회피하는 것은 그리스도의 말씀과 그분의 제자직을 거부하는 것이며, 그것은 곧 불신앙의 길이다. 교회가 고난의 십자가를 잊어버리고 값싼 은혜에 심취하여 기존 교인들끼리 당을 지어 그리스도를 대신하여 교회의 주인 행세를 하고 있는 것은 분명한 타락이다.

한국교회는 뭔가 열심히 모이고 전도도 하는 것 같지

만, 그것이 세상과 이웃을 향하여 열린 섬김과 낮아짐의 실천이 아니라, 자신들의 굳어진 교리를 더욱 고착화하는 모임이었으며, 세상과 이웃을 향해 돌덩이같이 딱딱하게 굳어 있는 자신들만의 교리를 막무가내로 강요하는 형태의 전도를 시행하고 있었던 것이다. 그것은 세상을 향해 복음을 선포하라는 명령을 완전히 오해한 것이다. 복음은 그렇게 전해지지 않는다. 참된 복음의 전파는 오직 그리스도인들의 희생적 섬김과 고난과 수고에 대한 자발적인 참여로서의 제자직을 수행함으로써 이루어지는 것이다. 오직 자신이 가진 모든 것을 포기하고 예수를 뒤따르는 자만이 은혜로 의롭게 되었다는 사실을 말할 수 있다.[214]

4. 본회퍼에게 배우는 한국교회의 방향성

한국교회는 교회의 재정이 교회의 유지와 확산에 집중되어 있으며, 토지를 구입하고 외형적인 건물을 세우는 일에 지나친 열심을 가지고 있다. 그러나 예수의 명령은 '네 재물을 팔아라!' 하는 것이었다.[215] 재정 할당이 없이 말로만 외치는 나눔과 봉사는 허황된 것이다. 예수의 명령에 순종하기 위해서는 재물이 전혀 없는 듯이 재물을 가져야 한다.[216] 그러므로 교회는 내적으로 치중되어 있는 예산을 교회의 바깥쪽을 향해 과감하게 돌려야 한다.

최근에 한국교회에는 교회와 지역사회 간의 연대 형성이 일부 교회를 중심으로 활발하게 진행되는 사례가 늘어나고 있다. 이것은 바람직한 현상이다. 지역사회와 연대하여 지역 주민을 위해 봉사하는 다양하고 새로운 패러다임이 요구된다. 세상에 직면한 교회에 주어진 단 하나의 본질적인 사명, 즉 세상 앞에서 증인이 되라는 사명을 항상 염두에 두어야 한다. 예수의 계명이 추구하는 목표는 언제나 마음을 다하고 뜻을 다하여 하나님과 이웃을 사랑하라는 명백한 명령이었다.[217] 감동적인 설교, 장엄한 예배, 잘 조직된 목회, 체계적인 교육, 영적으로 충만한 신학, 효율적인 자선 행위들, 이런 것들은 다 귀하고 아름다운 것이지만, 그러나 이러한 것들이 폐쇄적으로 자신들만 뜨겁게 모이는 교회, 자신만을 위해 사는 교회에게만 도움이 된다면 아무런 소용도 없는 일이다.

교회는 언제나 세상을 향해 있어야 한다. 교회는 홀로 존재할 수 없다. 교회는 이 세상 가운데에서, 이 세상을 위해, 이 세상을 향하여 부름받은 존재이다. 그러므로 직접적으로나 간접적으로나 교회의 모든 활동은 항상 세상과 관련된 것이어야 한다. 그리스도가 그랬듯이 교회도 항상 타자를 위한 존재로 세상을 향하여 열려 있어야 하며, 그리스도가 오직 고난을 받고 버림을 받는 자로서만 그리스도가 될 수 있듯이, 교회와 그리스도인들도 오직 고난을 받고 버림을 받는 자로서만, 그리고 오직 예수와 함께 십자가에 달린 자로서만 참된 교회가 될 수 있다.[218]

주

1 Gerhard Riemer의 속기 노트에 근거하여 작성되었고, 그 외 여러 학생들의 필기 노트로 내용을 보완하였다. 본회퍼, **그리스도론** 2쪽의 난하주 1)을 보라.
2 본회퍼, **그리스도론**, 107.
3 박재순, **하나님 없이 하나님 앞에**(서울: 한울, 2010), 74-86.
4 본회퍼, **저항과 복종**(정지련·손규태 역, 서울: 대한기독교서회, 2010), 55.
5 **위의 책**, 711. "예수 그리스도와의 만남, 여기서 모든 인간 존재의 회심이 주어진다는 경험은 오직 '타자를 위한 현존한다'는 사실에서만 가능하다. … 예수의 '타자를 위한 현 존재'는 초월경험이다. … 예수의 존재에 참여하는 가운데 주어지는 '타자를 위한 존재'에서 드러나는 새로운 삶이다."
6 본회퍼, **그리스도론**, 107-108. 역자 후기에 기술(記述)된 유석성의 평가이다. "(본회퍼의) 그리스도론 강의는 마치 저수지와 같다. 시냇물이 저수지로 흘러 들어와 모였다가 다시 흘러가는 것처럼, 본회퍼의 신학에서 그리스도론 강의는 저수지와 같은 역할을 한다고 볼 수 있다."
7 이 주제에 대한 자세한 내용은 박재순, **하나님 없이 하나님 앞에**, 18-57.을 참고하라.
8 1951년 9월에 **저항과 복종**(Widerstand und Ergebung)이라는 제목으로 뮌헨의 카이저 출판사에서 **감옥으로부터의 서신들과 문서들**을 출간했다.

9 박재순, **위의 책,** 32.
10 **위의 책**, 31.
11 **위의 책**, 20. '신 죽음의 신학'을 표방한 William Hamiliton, Thomas J.J. Altizer 등은 전통적인 하나님 개념을 거부하고 인간관계 속에서의 풍성한 삶을 추구하였다. Hamilton은 모든 형태의 유신론의 죽음을 외치면서 '세상적 예수의 담지자인 이웃'을 향한 윤리적인 삶을 역설하였으며, Altizer는 동양 신비주의의 전망에서 그리스도교 신학의 탈그리스도교화(化)를 시도하였다.
12 Hamilton, **"The Shape of Radical Theology" in The New Essence of Christianity**(New York: Association Press, 1961) 1220-1221. John A. Pillips, Christ for Us in The Theology of Dietrich Bonhoeffer(New York: Harp & RAw, Publisher, 1967), 20-23. 박재순, **위의 책**, 22-24.에서 재인용
13 Hanfried Müller, **Von der Kirche zur Welt: Ein Beitrag zu der Beziehung des Wortes auf die societas in Dietrich Bonhoeffers theologischer Entwicklung**(Hamburg-Bergstedt: Hanberrtreich Evang. Verlag GMBH, 1961), 336, 362. 뮐러는 본회퍼의 신학을 세 시기로 구분한다. 첫째 시기는 **성도의 교제, 행위와 존재**로 대표되는 1927-31/32년이고 둘째 시기는 **그리스도론, 나를 따르라, 신도의 공동생활**로 대표되는 1932/33-40년이며, 셋째 시기는 **윤리학, 저항과 복종**으로 대표되는 1940-45년이다. 박재순, **위의 책**, 27.에서 재인용.
14 박재순, **위의 책**, 30.
15 본회퍼, **저항과 복종**, 680-681.
16 박봉랑, **기독교의 비종교화**(서울: 범문사, 1975), 153.

17 박재순, **위의 책**, 32.
18 박봉랑, **위의 책**, 565.
19 박재순, **위의 책**, 34.
20 Moltmann, **Herrschaft Christi und Wirklichkeit nach Dietrich Bohoeffer**, 55-56. 박재순, **위의 책**, 34.에서 재인용.
21 본회퍼, **나를 따르라**(손규태·이신건 역, 서울: 대한기독교서회, 2010), 102.
22 **위의 책**, 102.
23 본회퍼, **그리스도론**(유석성 역, 서울: 대한기독교서회, 2010), 47.
24 본회퍼, **나를 따르라**, 104.
25 '계시된 진술'이란 하나님의 말씀으로서의 성서를 의미한다.
26 칼뱅, **Ins.** Ⅰ.Ⅴ. 11.
27 박재순, **위의 책**, 60.
28 베트게는 1961년 시카고대학에서 행한 강연에서 본회퍼의 루터교적 신학 전통을 확인했다. 그 강연에 따르면 본회퍼는 유한이 무한을 포함할 수 없다는 칼뱅주의자들의 주장에 맞서 루터와 함께 일생 동안 항거했다. Bethge, **"Challenge", World Come of Age**, 36-37. 박재순, **위의 책**, 60.에서 재인용.
29 본회퍼, **성도의 교제**, 124.
30 본회퍼, **신도의 공동생활**, 30.
31 본회퍼, **성도의 교제**, 75.
32 **위의 책**, 77.
33 본회퍼, **그리스도론**, 21.
34 **위의 책**, 12.
35 본회퍼, **그리스도론**, 14.
36 **위의 책**, 14.

37 **위의 책**, 14.
38 **위의 책**, 16.
39 **위의 책**, 16
40 **위의 책**, 16
41 **위의 책**, 16
42 창 12:1-2. 출 8:1, 9:1, 13, 레 26:12
43 본회퍼, **그리스도론**, 88.
44 **위의 책**, 89.
45 **위의 책**, 37.
46 **위의 책**, 40. "성례전은 그리스도의 인간화가 아니라, 하나님-인간이신 분의 궁극적 낮아짐이다."
47 **위의 책**, 45-46.
48 **위의 책**, 46-52.
49 요 1:1, 1:14.
50 본회퍼, **그리스도론**, 35.
51 **위의 책**, 56.
52 **위의 책**, 54-57.
53 **위의 책**, 57.
54 **위의 책**, 24.
55 **위의 책**, 23.
56 **위의 책**, 25.
57 **위의 책**, 58.
58 **위의 책**, 15. "비밀은 우리에게 감추어져 있다. 오직 물음의 대상이 된 분이 미리 자신을 계시해 주실 때에만, 내재적 로고스가 지양될 때에만 그분이 누구인지를 합법적으로 물을 수 있다."
59 본회퍼, **행위와 존재**(김재진·정지련 역, 서울: 대한기독교서회, 2010) '제2장. 계시 해석에서 행위와 존재 문제와 문제해결로서의 교회'를 참고하라.

60 K. Barth, **Zwischen den Zeiten**, 1929, 346. "하나님의 말씀은 결코 속박되지 않았으며, 결코 속박되지도 않을 것이다." **위의 책**, 98.에서 재인용.
61 K. Barth, **Domgmatik** Ⅰ,1927, 295. **위의 책**, 95.에서 재인용.
62 본회퍼, **행위와 존재**, 107.
63 **위의 책**, 108.
64 **위의 책**, 123-127.
65 **위의 책**, 126.
66 **위의 책**, 125.
67 박재순, **위의 책**, 73.
68 본회퍼, **저항과 복종**, 609.
69 **위의 책**, 609.
70 **위의 책**, 610.
71 본회퍼, **그리스도론**, 53.
72 **위의 책**, 54. 참조 A. Schweitzer, Leben-Jesu-Forschung.
73 **위의 책**, 54. 참조 Wrede, Das Messiasgeheimnis.
74 **위의 책**, 55.
75 **위의 책**, 54-55.
76 **위의 책**, 64-66.
77 **위의 책**, 64.
78 **위의 책**, 65.
79 **위의 책**, 65-66. 헤겔은 성육신을 하나님의 외관으로 보지 않고, 역사 안에서 펼쳐지는 이념의 필연적 현상으로 이해한다. 이것은 예수의 인성을 역사성으로부터 분리하는 이해이며, 따라서 그리스도를 단지 신적 실체의 우연적 요소로만 파악하려는 시도이다. 이러한 그리스도 이해는 본회퍼가 보기에, 가현

설과 다르지 않다.
80 **위의 책**, 66.
81 John Godsey, "Barth and Bohnhoeffer" **Quarterly Review, vol7, No1**(1987), 19. 박재순, **위의 책**, 71.에서 재인용.
82 본회퍼, **저항과 복종**, 611.
83 **위의 책**, 611.
84 John Godsey, 17-18. 박재순, **위의 책**, 70.에서 재인용.
85 박재순, **위의 책**, 70.
86 본회퍼, **저항과 복종**, 612.
87 박재순, **위의 책**, 72.
88 John Godsey, 25. 박재순, **위의 책**, 72에서 재인용.
89 본회퍼, **윤리학**, 손규태·이신건·오성현 역(서울: 대한기독교서회, 2010), 273-274.
90 박재순, **위의 책**, 73.
91 본회퍼, **그리스도론**, 36.
92 **위의 책**, 39.
93 **위의 책**, 35.
94 Das diese Worte Chriti "Das ist mein Leib" noch fest stehen. 1527.(WA23,150/151,13f). **위의 책**, 32.에서 재인용.
95 본회퍼, **그리스도론**, 33.
96 **위의 책**, 32.
97 **위의 책**, 33.
98 고전 15:20, 롬 8:29, 골 1:18.
99 본회퍼, **그리스도론**, 34.
100 **위의 책**, 31. 걸림돌(Scandalon)이라는 용어는 '장애물'이라고 번역할 수도 있으나, '장애물'이란 장애가 될 수 있다는

의미를 포함하고 있으므로 '걸림돌'로 표현하는 것이 바람직하게 보인다.
101 **위의 책**, 92.
102 **위의 책**, 31. "걸림돌 교리는 하나님의 성육신 교리가 아니라, 하나님-인간의 낮아짐 교리 속에서 자신의 본래적 위치를 갖는다. 육신의 형태($\dot{o}\mu o\dot{\iota}\omega\mu\alpha\ \sigma\alpha\rho\kappa\acute{o}\varsigma$)는 하나님-인간의 낮아짐에 속한다."
103 본회퍼는 교회에 현존하는 '그리스도의 실재들'로서, 설교와 성례전과 교회 공동체라는 세 가지를 제시하였다.
104 **위의 책**, 37.
105 요 1:1-3.
106 본회퍼, **그리스도론**, 34.
107 **위의 책**, 35.
108 **위의 책**, 43.에서 본회퍼는 성만찬으로부터 사고하는 그리스도론이라는 의미로, '성만찬적 그리스도론'이라는 용어를 사용하였다.
109 **위의 책**, 38.
110 **위의 책**, 39.
111 **위의 책,** 38.
112 **위의 책**, 40.
113 **위의 책**, 39.
114 **위의 책**, 40.
115 **WA 17/2,** 134, 13-36 참조. **위의 책**, 41.에서 재인용.
116 본회퍼, **그리스도론**, 41.
117 **위의 책,** 44.
118 **위의 책**, 46.
119 **위의 책**, 45.
120 본회퍼, **저항과 복종**, 531.

121 본회퍼, **그리스도론**, 45.
122 **위의 책**, 135.
123 **위의 책**, 135.
124 **위의 책**, 133.
125 **위의 책**, 135.
126 본회퍼, **신도의 공동생활**, 정지련, 손규태 역, (서울: 대한기독교서회, 2013), 21.
127 **위의 책**, 22.
128 **위의 책**, 25.
129 **위의 책**, 23.
130 **위의 책**, 27.
131 **위의 책**, 27.
132 **위의 책**, 27.
133 **위의 책**, 23.
134 본회퍼, **그리스도론**, 47.
135 **위의 책**, 48.
136 **위의 책**, 48.
137 **위의 책**, 48
138 **위의 책**, 49.
139 **위의 책**, 49.
140 **위의 책**, 51.
141 **위의 책**, 51. "교회의 성례전 내에서 옛 피조물은 예속으로부터 해방되어 새로운 자유에 이르게 된다."
142 **위의 책**, 51.
143 **위의 책**, 17.
144 **위의 책**, 17.
145 본회퍼, **행위와 존재**, 189.
146 본회퍼, **그리스도론**, 15.

147 **위의 책**, 19.
148 **위의 책**, 19-20.
149 **위의 책**, 21
150 **위의 책**, 47.
151 **위의 책**, 21.
152 **위의 책**, 18.
153 본회퍼, **저항과 복종**, 516.
154 **위의 책**, 519.
155 **위의 책**, 517.
156 **위의 책**, 519-520.
157 **위의 책**, 521. 고대 극장에서 기계적 장치의 도움으로 '갑자기' 등장하여 문제를 '초자연적으로' 해결하는 인물을 의미한다.
158 박재순, **하나님 없이 하나님 앞에**, 188.
159 본회퍼, **저항과 복종**, 531.
160 **위의 책**, 675.
161 **위의 책**, 679.
162 **위의 책**, 680.
163 **위의 책**, 680-681.
164 **위의 책**, 681.
165 **위의 책**, 682.
166 **위의 책**, 683.
167 **위의 책**, 685.
168 **위의 책**, 685.
169 본회퍼, **행위와 존재**, 185.
170 **위의 책**, 189.
171 **위의 책**, 120. 계시의 존재가 인간의 인식 안에 포착되기 위해서는 언제나 인간의 실존 안에 있는 그 무엇과 관련되어야

만 한다. 그러므로 명시적인 신적 존재(예컨대, 삼위일체와 같은)는 '교회 안에 있는 존재'로서의 인간에게만 이해되는 형상일 수밖에 없다. 집단적 주체로서의 '교회'는 개인적 주체에게 알려지지 않은 것도 명시적으로 내포한다. '교회 안에 있는 인간'은 존재자를 통해 안전을 보장받고, 존재자에 의해 인도되는 존재로 자신을 인식한다. 그래서 자아는 존재자에게 자신보다 앞선 자리를 내주며, 자신을 그에게 자유롭게 (fides implicita) 종속시킨다. '자유롭게(fides implicita)'라는 개념은 13세기에 형성된 용어로서, 개인적 주체가 신앙의 집단적 주체인 교회의 신앙을 신앙하는 것을 의미한다. **같은 책**, 129-130.

172 **위의 책**, 196.
173 **위의 책**, 185.
174 **위의 책**, 185.
175 본회퍼, **나를 따르라**, 302.
176 **위의 책**, 298.
177 **위의 책**, 302.
178 **위의 책**, 303.
179 **위의 책**, 301.
180 **위의 책**, 300.
181 **위의 책**, 301.
182 **위의 책**, 307.
183 **위의 책**, 302.
184 본회퍼, **나를 따르라**, 33.
185 **위의 책**, 68.
186 **위의 책**, 35.
187 **위의 책**, 37.
188 **위의 책**, 38.

189 **위의 책**, 41.
190 **위의 책**, 61.
191 마 19:21.
192 본회퍼, **나를 따르라**, 86.
193 **위의 책**, 86.
194 **위의 책**, 93.
195 **위의 책**, 97.
196 마 16:24
197 본회퍼, **나를 따르라**, 98.
198 마 11:29-30.
199 본회퍼, **나를 따르라**, 52.
200 **위의 책**, 53.
201 **위의 책**, 55.
202 **위의 책**, 55-56.
203 **위의 책**, 59.
204 본회퍼, **저항과 복종**, 711.
205 **위의 책**, 711.
206 **위의 책**, 729.
207 **위의 책,** 656. "그리스도인과 이방인들" 제2연.
208 마 10:38, 16:24, 막 8:34, 눅 14:27.
209 마 7:21, 마 12:33, 약 2:26.
210 본회퍼, **그리스도론**, 50.
211 강성모, **이 사람을 보라 – 본회퍼의 삶과 신학**(서울: 나눔사, 2006), 43. 1938년은 히틀러의 50세 생일이 되는 해로, 교회부 장관 헤르 베르너가 모든 목사들에게 히틀러에 대한 충성을 서약할 것을 요구하였다.
212 본회퍼, **윤리학**, 265.
213 황선영, "추한 기독교, 부끄러운 기독교인", **크리스챤월드리**

뷰, 2003. 5. 19.
214 **위의 책**, 45
215 **위의 책,** 82. 마 19:21
216 **위의 책**, 82.
217 **위의 책**, 256.
218 **위의 책**, 93.

본회퍼의 생애 연표 (1906~1945)

1906년 2월 4일
독일 프로이센 브레슬라우(Breslau)에서 정신의학 교수인 아버지 칼 본회퍼(Karl Bonhoeffer)와 어머니 파울라 본회퍼(Paula Bonhoeffer)의 여섯째로 출생하였다. 일곱째 누이 사비네(Sabine)와는 쌍둥이였다.

1912년
아버지가 베를린대학교 의과대학 정신의학 및 신경학 교수로 초빙되어 가족 모두가 베를린으로 이주하였으며, 본회퍼는 김나지움에서 학교 교육을 받는다.

1920년
음악과 종교에 관심이 많았으며 특히 피아노 실력이 뛰어나서, 가족들은 음악을 전공할 것을 권유하였으나 그는 신학의 길을 가겠다고 결심한다.

1923-1927년

1923년에 그룬발트 고등학교를 졸업하고, 튀빙겐 대학교에서 신학 공부를 시작하였다. 그해 여름학기부터는 베를린대학교(현, 베를린 훔볼트 대학교)로 옮겨 1927년까지 머무른다. 이 기간 동안, 루터 계열의 전통 신학을 주로 홀(Holl)에게서 소개받았으며, 하르낙(A. Harnack)은 본회퍼를 "천재적 신학 청년"이라고 칭찬하였다.

본회퍼는 21세에 라인홀트 재베르크(Reinhold Seeberg)의 지도하에 베를린대학 신학부 졸업논문으로 제출한 **성도의 교제(Sanctorum Communio)**로 박사 학위를 취득(1927. 12. 17.)하였다. 칼 바르트(K. Barth)는 이 논문을 "하나의 신학적 기적"이라고 극찬하였다. 본회퍼는 자유주의 신학자인 스승들에게서 가르침을 받았지만, 자유주의보다는 칼 바르트의 변증법적 신학과 하나님 말씀의 신학에 더 매료되었다.

1928년

스페인의 바르셀로나에서 독일인들을 위한 교회의 Vikar(견습 목회자)로 잠시 사역한다.

1929년

베를린으로 돌아와 교수 자격 논문인 **행위와 존재(Akt und Sein)**를 제출하여 조직신학 전임강사가 된다.

1930년

더 깊은 연구를 위해 교환학생으로 미국 유니온 신학교에서 1년간 지내며 라인홀드 니버(R. Niebuhr) 등의 강의를 듣는다. 해외 경험을 통해 에큐메니칼 운동에 대한 이해가 깊어지고 뉴욕 할렘가의 흑인 문제를 보며 인종차별 문제 등에 깊은 관심을 갖게 된다.

1931-1933년

베를린대학의 강사인 동시에 베를린 공과대학 교목으로 일하면서 세계교회협의회(WCC)의 에큐메니칼 운동에 참여한다. 이 기간 동안 **그리스도론**(Christologie, 1933)을 강의하였다.

1934년

히틀러(A. Hitler, 1889-1945)가 권력을 장악하자, 본회퍼는 히틀러가 총통이 된 다음 날 아침에 베를린 방송을 통해서 〈젊은 세대 안에 나타난 지도자 개념의 변화〉라는 제목의 라디오 강연을 한다. 이 강연을 통해서 "스스로 신성화하는 지도자의 직위는 하나님을 모독하는 것이며, 인간을 우상화할 위험이 있다."라고 경고하였다. 그러자 나치의 통제로 인하여 강연은 중단되었고, 본회퍼는 감시와 탄압을 받게 되었다.

독일교회는 히틀러에 굴복하지 않고 마틴 니묄러(Martin Niemoller)를 중심으로 결성된 '긴급 목사동맹'에 7천 명 이상이 서명하고, 니묄러가 투옥된 후에도 많은 희생을 내면서 투쟁했다. 이 목사 동맹이 모태가 되어 독일 '고백교회(Bekennende Kirche, Confessing Church)가 탄생하였다. 본회퍼는 처음부터 고백교회의 일원으로서 히틀러와의 투쟁에 적극 가담하였다.

그해 10월에 본회퍼는 베를린대학을 휴직하고 영국으로 건너가서, 런던에서 독일인 교회에 취임하여 목회 활동을 하면서 고백교회 운동을 계속하면서, 이에 대한 영국 교회의 지지를 촉구했다.

1935-1939년

나라와 교회에 대해 고민하던 본회퍼는 총회로부터 긴급 부름을 받아 독일로 돌아온다. 그는 4월에 북독일 발트해 근처에 있는 찡그스트(Zingst)에 있는 25명의 목사 후보생을 돌보는 핑겐발데(Finkenwalde) 신학교의 책임자로 부름을 받는다. 핑겐발데 신학교에 딸린 "형제의 집"이라는 기숙사에서 학생들과 공동생활을 통해서 그들에게 영성 훈련을 시키려고 하였다. 그 집에서 '목표하는 것은 수도원적 은둔처가 아니고 밖을 향한 봉사를 위한 가장 내면적 집중'에 있다고 그는 생각했다. 이 신학교는 1937년에 나치에 의해 폐교당했지만, 1940년까지 위장된 형태로 존속했다. 핑겐발데 신학교 생활 중에 1937년에 **나를 따르라(Nahfolge)**를 저술하였고, 1939년에는 공동생활의 경험을 기록한 **신도의 공동생활(Gemeinsames Leben)**을 저술하였다.

1939년 6월에 본회퍼는 니버 교수의 주선으로 유니온 신학교의 초청을 받아 뉴욕으로 건너가서, 미국의 여러 대학에서 강의하는 한편, 독일 피난민들을 위한 봉사활동에 몰두한다. 그러나 전운이 감도는 독일 상황을 외면할 수 없었던 그는 다음 달인 7월에 독일로 돌아온다. 미국의 친구들이 그의 신변의 위험을 염려해 그가 미국에 남을 것을 강력하게 권유했지만, 결국 그는 독일로 돌아온다. 본회퍼가 돌아온 지 두 달이 못 된 9월 1일 히틀러가 폴란드로 침입하여 2차 세계대전이 발발한다.

1940년

본회퍼는 매형인 도나니(Hans von Dohananyi)와 함께 반(反)히틀러 저항운동에 가담한다. 본회퍼는 가능한 모든 정치적 군사적 방법을 동원하여 나치에 대항해 투쟁하는 것을 행동의 목표로 삼았다.

1941-1942년

군 정보부가 나치 저항운동의 중심 역할을 해 준 덕분으로 본회퍼는 스위스, 노르웨이, 스웨덴을 방문한다. 특히 1942년 5월에는 저항운동의 협상자를 영국 정부에 보냈으나, 이러한 희망은 연합군의 '무조건 항복' 정책 때문에 좌절되고 말았다.

1943년

마리아 폰 베데마이어(Maria von Wedemeyer)와 약혼한다. 본회퍼의 든든한 후원자였던 그녀는 어렸을 때부터 본회퍼와 알고 지냈다. 그녀는 19세가 되던 1943년에 본회퍼와 약혼하지만 곧바로 약혼자를 감옥에 보내야 하는 아픔을 겪는다.

본회퍼는 히틀러를 제거하는 것만이 독재정치로부터 고통받고 있는 수많은 사람들을 구하는 것이며, 히틀러를 없앰으로써 국가의 공동체를 악으로부터 건져 낼 수 있을 것이라는 판단으로 히틀러 암살 작전(작전명 발키리)에 가담한다. 그러나 히틀러 제거 계획은 실패하고, 본회퍼와 도나니는 1943년 4월 5일 게슈타포에 의해 체포당한다.

본회퍼는 비밀경찰에 의해 체포되던 당일까지도 **윤리학(Ethik, Ethics)** 저술 작업에 몰두하고 있었다. 그날 그의 책상 위에는 관련 메모지들이 어지럽게 흩어져 있었다. 테겔 형무소에 수감 중에도 그는 에버하르트 베트게(Eberhard Bethge)에게 보낸 편지에서 **윤리학**을 완성하지 못한 데 대해 안타까움을 토로하곤 하였다. 이 책은 본회퍼 사후인 1949년에 베트게에 의해 출판되었다.

1944년

히틀러 암살 음모가 실패로 끝이 나고, 히틀러는 이 음모에 정보부가 연관되었음을 알아내고, 많은 저항자들을 적발하였으며, 본회퍼도 집단 수용소로 이송되었다. 반란자들 대부분은 처참한 고문을 당했고, 엉터리 재판에서 대다수의 사람들은 사형선고를 받는다. 약 7천 명에 달하는 사람들이 체포되었으며, 그 중 약 5천 명에게 사형이 언도되었고, 거의 대부분이 갈고리에 매달려 교수형에 처해졌다. 당시 히틀러는 이런 처형 모습을 가리켜 '푸줏간의 돼지' 같다고 말했다고 한다. 히틀러가 자살하기 불과 3주 전에 일어난 일들이다.

1945년

본회퍼는 나치 군법회의에서 사형선고를 받고 4월 9일 이른 아침에 교수형에 처해졌다. 본회퍼의 가족인 클라우스 본회퍼 슐라이허는 4월 23일에 총살을 당했고, 한스 폰 도나니는 수용소에서 살해당하였다. 본회퍼의 시신은 이름 없는 수천 구의 다른 시신들과 함께 화장되었다. 본회퍼의 생애는 서른아홉 살의 젊은 나이로 끝났다.

1951년

옥중에서 쓴 글들은 1951년에 **저항과 복종(Widerstand und Ergebung** - 영문 제목은 **옥중서간, Letters and Papers from Prison)**으로 출판되었는데, 문화적인 생활과 영적인 생활에 대한 신학적 견해를 보여 준다는 점에서 흥미를 끈다. 주로 베트게에게 보낸 편지들로 이루어져 있다.

1996년

본회퍼 사후 51년 만인 1996년에 베를린의 법원은 신학자 디트리히 본회퍼에 대한 나치 법정의 사형선고를 공식적으로 무효화하는 판결을 내렸다.